地域の価値を高める

新たな官民協働事業のすすめ方

井熊 均・石田直美 [著]

学陽書房

はじめに

PFIには1999年のPFI法制定以前から関わってきた。まだ、実施方針や公募資料の雛形も整っていない頃から、いくつもの分野で日本初のPFIの導入というプロジェクトに取り組んできた。本書で述べているように、その後日本は数百というPFIの経験を重ね、貴重な実績を上げてきた。当時と比べると、PFIに関する知見は比べるべくもないが、今となって当時に学ぶべきものもある。何のためのPPP・PFIか、どのような問題意識を持って取り組んでいるのか、新しい試みにリスクを負ってでも取り組もうとしているか等だ。

PFIはイギリスが元祖だが、我々は当初から色々な国の官民協働事業に学ぼうとした。アメリカのパブリックファイナンスや公社運営、150年の歴史を持つフランスのアッフェルマージュやコンセッション等だ。社会的な問題意識を持ち、色々な国の経験に学んだことがPFIでの経験を多分野に応用することにつながった。ここ2、3年、中国の国家発展委員会にPFIのアドバイスをしているが、中国には中国のPFIの取り入れ方がある。制度も文化も異なる中で、イギリスの仕組みを金科玉条のように論じても意味がない。本書でも述べているが、日本でもPFIの位置づけは変わった。1990代末、PFIに求められていたのはコスト、権益面で肥大化した公共事業の改革の尖兵となることだったが、今は、いかに資産の付加価値を高めるかが主眼になりつつある。日本のPFIには、こうした時代と共に移り変わる役割を見落とし、過度のコストダウンを強いて民間事業者を市場から遠ざけた歴史もある。

本書では、こうした想いから、次世代に向け、日本のPPP・PFIが持つべき目標として地域の価値の創造を掲げた。そのために、第1章ではPFI法の法制定前後からの変遷を辿ることで日本のPPP・PFIの歴史を再確認することとした。第2章では、価値創造のための新た

な取り組みとして注目されるコンセッションと民間提案制度について詳述した。その上で、第3章ではイギリスの新たな取り組みやシンガポールの歴史に学んだ上で、次世代のPPPの意義を定め、いくつかの事業モデルを提案した。そして、第4章では次世代指向のPPPを進めるための実務面での重要課題についての取り組み方策を述べた。本書の内容が、PPPが日本に新たな価値をもたらすことに多少なりとも貢献できれば筆者として大きな喜びである。

　本書については、まず、日本のPFIの立ち上げ期にお世話になった省庁、自治体、有識者、企業の方々に深く御礼申し上げたい。皆様の勇気ある姿勢無くして日本のPPPの立ち上がりはなかった。

　学陽書房の川原正信さんに企画段階からお世話になった。川原さんとは日本のPFIの黎明期からのお付き合いである。改めて、深く御礼申し上げる。

　本書は、株式会社日本総合研究所石田直美主席研究員との共同執筆である。石田さんはPFI法制定直前に入社された日本版PFIの申し子のようなプロフェッショナルである。激務の中執筆にお付き合い頂いたことに心より御礼申し上げる。

　高齢者向けサービスの事業については株式会社日本総合研究所の齊木大さん、山崎香織さんにアドバイス頂いた。多忙の中のご支援に厚く御礼申し上げる。

　最後に、筆者の日頃の活動にご支援ご指導を頂いている株式会社日本総合研究所に厚く御礼申し上げる。

2018年初春

井熊　均

目 次

はじめに ………………………………………………………………… 3

序 章 今なぜ新たなPPP・PFIなどの価値を創出する官民協働が注目されるのか

- 地方部の苦境 ……………………………………………………… 12
- グローバル化の影響 ……………………………………………… 13
- 工場誘致の限界 …………………………………………………… 14
- 内発型政策の必要性 ……………………………………………… 16
- 公共資産の価値を高める ………………………………………… 17
- 資産価値向上の条件 ……………………………………………… 19
- 官民協働の必要性 ………………………………………………… 20
- 官民協働事業の導入に必要な視点 ……………………………… 21

第1章 日本版PFI・PPPの歴史に学ぶ新たな官民協働事業のあり方

1 肥大化した公共事業の改革

- 負債を積み上げた公共事業 ……………………………………… 26
- 仕様発注から性能発注へ ………………………………………… 27
- 自治体財政を圧迫した維持管理・更新コスト ………………… 28
- PFI の七つの副次的効果 ………………………………………… 29
- PPP の変遷を捉える三つの視点 ………………………………… 35
- 混沌とした PFI のスタート ……………………………………… 38
- 初の大型改正 ……………………………………………………… 40
- 予想を超えた PFI の波及効果 …………………………………… 43
- 公共事業改革の課題 ……………………………………………… 46
- 付加価値向上の停滞 ……………………………………………… 48

2 発展する日本のPPP・PFI

- 政権転換後の大改正 ……………………………………………… 50
- PPP の流れを変えたコンセッション …………………………… 51

5

- ●民間支援の制度整備 ……………………………………………… *53*
- ● 1980年代の改革を振り返る ………………………………… *55*
- ●第三セクターの破綻理由 ……………………………………… *56*
- ●「基本から応用に」がPPPの鉄則 ………………………… *58*
- ●発展の基盤を築いた金融危機後の日本のPPP……………… *62*

第2章 価値創出型官民協働事業の現状

1 価値創出型官民協働事業の現状 パートⅠ コンセッション

- （1）コンセッションの仕組み ………………………………… *66*
  - ①フランスで数百年以上の歴史を持つコンセッション ……… *66*
  - ②日本では2011年度に制度化 ………………………………… *67*
  - ③利用料金制（指定管理者制度）ではできなかった
    「資本投資」の自由裁量を付与 …………………………… *69*
  - ④バランスシート改革とVfMがコンセッションの狙い ……… *71*
  - ⑤新たな産業創出の可能性 …………………………………… *72*
- （2）コンセッションの推進状況と課題 ……………………… *75*
  - ①異例の"件数目標"によるコンセッションの推進 ………… *75*
  - ②苦戦する上下水道分野 ……………………………………… *76*
  - ③文教施設等、公共施設分野への広がり …………………… *79*
- （3）先行モデルの検証 ………………………………………… *81*
  - Ⅰ　1兆円に上る有利子負債の大幅削減に成功した関西国際空港… *81*
  - ①多額の有利子負債問題の解消の切り札に位置づけられた
    コンセッション ……………………………………………… *81*
  - ②世界的な実績を持つ空港オペレーターが参画 …………… *83*
  - ③本格的な競争的対話手続きにより優先交渉権者を選定 ……… *84*
  - ④豊富な空港運営実績と訪日ブームで増益するも今後は …… *86*
  - Ⅱ　震災復興の象徴ともなった仙台空港民営化 ……………… *88*
  - ①東日本大震災をきっかけに始まったコンセッションの検討 ……… *88*
  - ②民間の意見を取り入れながらの事業化検討プロセス ……… *89*
  - ③4グループが応募、地方空港のモデルへ ………………… *90*
  - Ⅲ　道路の維持管理効率化と地域活性化を狙う道路コンセッション… *92*
  - ①特区制度により実現した道路コンセッション …………… *92*

②需要リスクを官民で分担することで現実的な事業構造に ·········· *93*
③維持管理の継続的改善への期待 ························· *95*
Ⅳ 不採算事業のコンセッションのモデルを示した浜松市 ······· *97*
①合併自治体のインフラ管理の不安と処理場移管··············· *97*
②不採算事業でのコンセッションのモデルを構築··············· *98*
③水メジャーの参画 ···································· *100*

2 価値創出型官民協働事業の現状 パートⅡ 民間提案型事業

(1) 提案型PPP事業の経緯と課題 ···························· *102*
①PFI事業では当初から民間提案を重視 ····················· *102*
②入札プロセスでも対話を位置づけ ························· *103*
③本格的な対話を行う競争的対話 ·························· *104*
④対話による民間提案の取り込み事例··············· *105*
⑤「民からスタート」のための民間提案制度 ·················· *108*
⑥活用が進まない民間提案制度 ··························· *110*
⑦海外のUnsolicited Proposalの経験に学ぶ ················ *111*

(2) 民間提案の先行事例と成果 ···························· *115*
Ⅰ 事業リストを活かして民間提案を促す福岡市の取り組み··· *115*
①失敗から学び案件数を拡大する福岡市···················· *115*
②ロングリスト・ショートリストで民間提案を誘発 ················ *117*
③民間提案による事業化例 ······························· *119*
④プラットフォームを通じた案件形成 ························ *120*
Ⅱ 財政負担軽減を重視する横浜市の取り組み ············· *121*
①共創フロントで民間提案の窓口を一元化··················· *121*
②財政支出を伴わずに実施する事業が大半··················· *122*
③2段階のサウンディングを制度化した公有地活用のシステム ··· *123*
④今後の課題 ······································· *125*
Ⅲ 民間提案制度のパイオニアとして改善を続ける我孫子市··· *126*
①市民団体も含めた「多様な民」への期待 ·················· *126*
②全ての事業を対象として提案募集 ······················ *126*
③累計で100件以上の提案を審査し、半分以上を採択 ·········· *127*
④建物の維持管理も民間提案を契機に包括化 ················ *129*

第3章 地域の価値を創出する官民協働

1 進化する元祖イギリスのPFI

①サッチャー政権下での「構造的な」構造改革·······134
②継続するPFIの推進と改善·······136
③BSF、LIFTの方向性を引き継いだPF 2·······138
④イギリスに学ぶ点·······140

2 独立から半世紀でアジアの富裕国となったシンガポール

①前途多難な船出となった独立·······143
②国際的な立地を活かした戦略投資·······143
③立地を活かす人づくりのための投資·······146
④弱みを強みに変えた水インフラ·······147
⑤グローバル展開を支える政府ファンド·······148
⑥新たなインフラでのリードを狙う·······149
⑦シンガポールに学ぶ地域の価値創造·······150

3 次世代PPPのための五つの視点

● PPP の現状·······152
①価値の域外展開型PPP·······152
②革新技術の導入·······153
③課題先進国と住民指向·······154
●次世代PPPに向けたポイント①:先端技術による省人化·······155
●次世代PPPに向けたポイント②:定型サービスの活用·······157
●次世代PPPに向けたポイント③:テーマ起点の価値創出·······157
●次世代PPPに向けたポイント④:官民協働の上流展開·······159
●次世代PPPに向けたポイント⑤:事業の仕組みの構築·······160

4 資産価値を高める次世代型PPPの具体例

（1）環境分野で想定される事業構造
　　—低炭素社会構築のための分野横断型バイオエネルギー事業—····163
①期待が高まる自治体のエネルギー事業·······163

②分野横断型バイオエネルギー事業の構造 ················ *165*
③上流指向の官民協働事業の3ケース ················ *167*
④段階ごとの業務内容 ················ *169*
⑤上流指向型事業の課題 ················ *173*

（2）包括的インフラ管理事業 ················ *177*
①全ての自治体が直面するインフラの維持問題 ················ *177*
②究極のインフラ長期利用のための革新技術 ················ *177*
③IoTを使ったインフラ維持管理事業 ················ *179*

（3）官民協働の高齢者向け企画・サービス事業 ················ *184*
①期待される民間サービス ················ *184*
②減らない自治体の負担 ················ *184*

第4章 実現に向けた課題解決の方策

1 入札制度における課題

①事業の発意 ················ *195*
②事業内容の決定 ················ *196*
③仕様の設定、積算 ················ *197*
④入札公告～質疑～提案書類の提出 ················ *198*
⑤提案の評価、落札者の決定 ················ *200*
⑥契約の締結 ················ *202*

2 入札制度との整合性確保のための方策

①民間提案制度の活用 ················ *204*
②入札前の対話システムの一層の活用（マーケットサウンディング） ···· *206*
③対話、交渉型の入札プロセス（競争的対話）の導入 ················ *207*
④総合評価方式の柔軟化 ················ *209*
⑤ターゲット価格の提示 ················ *210*
⑥公募型随意契約の活用 ················ *211*

3 事業の立ち上げプロセス

（1）民間起点での事業発案 ················ *213*
①公共側による基本ニーズの明確化と公開 ················ *213*

②基本ニーズから民間提案を募集 ··············· 214
③提案内容に関する民間事業者との協議 ··········· 215
④全体プランの提案を求める ················· 215
⑤提案資格の明確化 ····················· 217
⑥部門横断・複数自治体による連携事業の立ち上げ ······· 218

（2）事業者選定プロセス ··················· 220
①徹底した性能発注を基本とした正式公募 ·········· 220
②競争的対話方式で業務仕様の確認、協議 ··········· 221
③民間からの提案の総合評価 ················· 222
④案件形成への寄与度に応じた提案者へのインセンティブ付け ·· 223

（3）柔軟な運用 ······················· 226

4 財政制度への対応

（1）現行制度から見た課題 ·················· 228
①長期の債務負担に伴う課題 ················· 228
②民間事業者へのインセンティブ付与 ············· 229
③契約時に確定していない支払いの処理 ··········· 230
④民間事業者との役割分担に応じた負担の調整 ········· 230
⑤自治体間の負担配分 ···················· 230

（2）現行制度との整合性確保のための方策 ·········· 232
①長期の歳出固定化に関わる方策 ··············· 232
②インセンティブ付与に関わる方策 ·············· 233
③未確定の支出に関わる方策 ················· 234
④官民の負担調整に関わる方策 ················ 235
⑤自治体間の負担調整に関わる方策 ············· 236

5 日本型公共サービスの海外展開

①官民協働事業の広域化 ··················· 238
②官民協働事業の海外展開 ·················· 239
③住民向けサービスPPPの日本の競争力 ··········· 240
④環境事業の海外展開 ···················· 242
⑤日本の知見の輸出で長期の基盤を作る ··········· 243
⑥サービス輸出での官民協働の必要性 ············· 244

序章

今なぜ新たなPPP・PFIなどの価値を創出する官民協働が注目されるのか

●地方部の苦境

　日本の地方部は厳しい状況に置かれている。

　地方の現状はこれまでの政策の積み重ねの結果と言える。

　旧くは廃藩置県で明治政府による中央集権制が敷かれ、優秀な人材と資金が中央に流れる基盤が築かれた。戦後は産業政策の影響を受けることとなる。国土復興のためにインフラが再整備され、各地に重厚長大産業が立地した。高度経済成長の追い風を受け、重厚長大産業が雇用を拡大し、1970年代には、大都市圏から地方に人口が移動した。重厚長大産業の生産と雇用が拡大した地域は一時の反映を享受していた。

　しかし、エネルギー源が石炭から石油あるいは天然ガスに代わり、オイルショックで資源価格が高騰し、円高とアジア新興国の工業化が進むと、重厚長大産業は成長が鈍化し、雇用吸収力を低下させた。

　1980年代末から始まったバブル経済では、全国でリゾート開発、都市開発が行われたが、バブル経済が数年で弾けると、地方には古びた施設と負債が残った。バブル経済は財政だけでなく行政運営も萎縮させた。多くの第三セクターの経営失敗の痛手に懲りて行政が収益事業に手を出さなくなり、経済の担い手が減ったのだ。

　政策の歴史から改めて地方の盛衰を見ると、明治以降の政策運営の問題点が浮き上がる。しかし、だからと言って、各々の時代の為政者を責めることはできない。いずれの政策も、誰も体験したことのない社会、経済の変革を目の前にして、時々の英知を集めて作られたものであったことは否定できないからだ。

　近年は、東京一人勝ちの様相を呈しているようにも見える。バブル経済時代に、「東京何するものぞ」の意気があった大阪にも当時の勢いはない。東京一人勝ちの背景にあるのは経済のグローバル化である。人材、資金、技術が国境を超えて自由にやり取りされるようになると、都市や地域も国境を超えて比較されるようになった。東京の競

争相手はニューヨーク、ロンドン、パリであり、最近では、北京、上海、シンガポールの追い上げを受けている。グローバルな都市としての魅力を競わなくてはならない今の東京に、国内の他都市と繁栄を競うという意識はない。

●グローバル化の影響

一方で、かつて工場立地で栄えた地域は中国、東南アジアの工業地域と経済的なメリット、デメリットを比較される。東京は世界の大都市と競い、地方部はアジア諸国の工業地帯と比較されるという形に、国内の地域間格差を拡大するグローバル経済の構造が見て取れる。世界各地でアメリカのドナルド・トランプ大統領の選出に代表されるような反グローバリズムの動きが生まれているが、ひとたびでき上がったグローバルな経済構造が方向転換するのは難しい。グローバル化の影響はこれからも続く。

今後は、上述した歴史的な政策の積み重ね、グローバル化に加え、人口減少の影響が本格化することになる。日本の人口は2008年の約1億2800万人をピークに減り始め、2048年には1億人を割り込む（人口中位推計）。今でも、商店街の衰退など、人口減少の影響と思われる状況が見られるが、現状でのピーク人口に対する減少はわずかだから、見た目の衰退には人口減少以外の要因がある。例えば、高齢化が進むと外出の頻度が減るので商店街を歩く人の数が減る。ネットショッピングが増えると買い物客が減るし、携帯のゲームが普及すると娯楽施設に行く人が減る。人口減少の影響に見える商店街などの衰退は、こうした社会構造の変化によるところが大きいはずだ。

2020年あたりから人口の減少率が大きくなると、人口減少による衰退は今以上に顕著になる（図表序-1）。集客施設は客が減って経営が難しくなり、住宅地では空き家が増え、工場は十分な労働者が確保できず運営に支障を来すようになり、農林水産業は後継者不足が一

層深刻となり、自治体は人口の減少と域内生産の低迷で税収が減り、公共サービスの提供やインフラの維持が成り立たなくなるという事態が、日本の各地で現実味を帯びることになろう。

　2014年の日本創生会議・人口減少問題検討分科会による、「消滅自治体」の発生に関する警告は日本中に衝撃を与えた。薄々分かっていた不都合な真実を突き付けられ、改めて衝撃を受けたということかもしれない。いわゆる「増田レポート」は、人口減少を趨勢的に分析したものだから、日本全体として見れば、厳しい将来像を素直に示していると考えられる。しかし、どんな時代でも、統計通りに事態が悪化することはない。人口が各地で統計通りに減る訳ではないからだ。予想ほど人口が減らない地域もあれば、予想以上に人口が減り衰退する地域も出てくるはずだ。

　周辺に比べて魅力的に映る地域は予測からかい離して人口を吸引する一方で、寂れて映る地域があれば櫛の歯が抜けていくように人口が減っていくだろう。実際の消滅自治体の所在は、こうした人間心理の行方によって変わってくる。人を惹き付けることに成功した地域は消滅を免れるどころか栄える可能性さえある半面、それができなかった地域は予想以上に衰退を速めることになる。遠くない将来、日本では、かつてない、生き残りを賭けた地域間の競争が繰り広げられることになる。

●工場誘致の限界

　工場の誘致は依然として地域の活力を高めるための有効な手段だ。脱工業化が叫ばれた時代もあるが、振り返ってみると、製造業は多くの雇用を生み出し、収入の格差も小さい。しかし、グローバル市場で見ると、日本の地方部の工場立地場所としての優位性は低下している。現状でも日本の労働者の質が高いことは間違いないし、当分の間その傾向は変わらないだろう。それでも、人口減少と高齢化で労働者

14

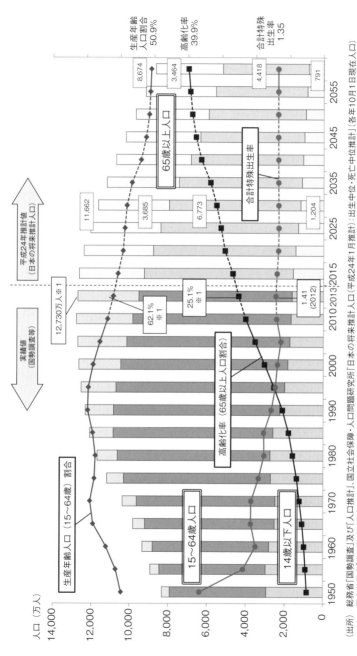

図表序－1　日本の人口の推移

序章　今なぜ新たなPPP・PFIなどの価値を創出する官民協働が注目されるのか

の確保がままならなくなれば、労働力の優位さは低下する。

　筆者は東南アジア最大級の工業団地事業者であるアマタ社と付き合っている。同社最大のアマタナコーン工業団地には日本企業を中心に700もの優良企業が立地し、タイのGDP 8 ％に達するという工業製品を生み出している。

　同工業団地が拡大したのは、立地の良さに加え、顧客志向のサービスとインフラ整備があったからだ。労働力については、タイも労働人材の需給がひっ迫し、少子化も始まっている。しかし、周辺にはまだ平均年齢が若いアジア諸国を擁しており、AEC（ASEAN Economic Community；アセアン経済共同体）により連携が深まる。インフラ整備も進んでおり、グローバル市場に向けた輸出拠点としての競争力が一層高まっていく。

　工業立地面での東南アジアの強みは顧客志向と政策との連携で競争力を高める民間運営の工業団地がいくつもあることだ。中国にも政策支援と規模の大きさなどで競争力のある工業団地がたくさんある。こうした地域と、労働者の供給力が細り、コストが高く、規模の小さな日本の工業団地が企業誘致を競うのは容易なことではない。

　工場誘致が地域にとって重要な政策であり続けることに変わりはないが、日本の地域の将来を託す政策に位置づけることはできない。

●内発型政策の必要性

　日本の地域にとってリゾートや集客施設も魅力だ。ディズニーランドやユニバーサルスタジオジャパンのようなテーマパークが立地すれば、下手な工業団地が立地するより高い経済効果が得られる。これほど大規模でなくても、観光客が増えて、ホテル、旅館、商業施設などが立地すれば地域は栄える。日本は2020年に外国人観光客2000万人を目指した目標を楽々達成し、今後は4000万人を視野に入れた拡大を目論む。しかし、観光客全体で見れば大半は日本人だから、日本中

で観光施設が次々と増設され、全ての経営が成り立つという姿も考えにくい。

インバウンドと言おうが、IR（Integrated resort；統合型リゾート）と言おうが、観光需要目当ての投資にリスクがあることに変わりない。1990年代、日本中で第三セクターによるリゾート施設の破綻が相次いだ。一方で、1980年代に開業した東京ディズニーランドは経済の荒波を乗り越え、2000年初頭にディズニーシーを開業するまでに発展した。両者の明暗は、大規模集客施設の成功は政策によって決まるのではなく、テーマパークのプロの目利きと運営力によって決まることを示している。しかし、日本中の地域がプロの目利きに適うのを待っているのはいかにも策が無い。

工場や集客施設の誘致の歴史を振り返って言えるのは、今の日本にとって地域の外から価値を移植するタイプの政策は、一部の地域の活力を高めることにしかつながらないということだ。日本の地域に求められているのは、地域外からの価値の移植ではなく、地域の中で発展の核を見出す内発的な戦略だ。何もないところに地域の外の価値を植え付けるゼロスタートの発想から、地域に発展の芽を見出すスモールスタートの発想に転換するのである。その上で、地域内外から技術と資金と人材が集まる構造を作り上げることができれば、地域は持続的に発展する。

●公共資産の価値を高める

地域が内発型で活力を高める方法はいくつかある。

一つは、地域内での起業を増やすことだ。成長力のあるベンチャーが生まれれば、経済の底上げになるだけでなく、地域のムードもよくなる。しかし、目利きの専門家が企業を選び抜き、様々な支援を講じても、ベンチャービジネスとして大きく成長する確率は1割もいけばいいところだ。人材や技術資源に限りのある地方部での成功・成長確

率はさらに低くなるだろう。地方での起業の結果の多くはスモールビジネスだ。地域産業の活力の裾野を広げるという意識の下で、粘り強い取り組みが求められる政策である。

　もう一つの方法は、地域の既存企業の価値を高めることだ。しっかりした事業資源がありながら伸び悩んでいる企業を見つけて、資金、事業戦略、人材等の面で支援したり、地域外の企業との提携を支援したりすれば、企業としての価値が上がる。ただし、そのためには、地域に支援の対象となるに足る企業がいることが条件となる。経済的な効果を大きくするためには企業の規模も必要になる。結果として、多くの地域では、それなりの事業資源のある企業の成長をいかに高めるかが現実的な目標になる。自治体、金融機関などが地域外の専門家などと連携して、潜在的な価値のある企業の発掘、支援を続けることが必要だ。

　既に多くの地域で起業支援や企業の成長支援が行われている。しかし、眼に見える経済的な成果がなかなか出てこない一つの理由は、起業の規模や支援される企業の規模が十分でないことだ。支援対象となる有力な企業、あるいは支援する側の人材、資金などが十分にない地域もあるだろう。そこで期待したいのが、公的な資産の経済的な価値により地域の活力を高める戦略である。

　日本は長い時間と巨額の資金を投じて、全国津々浦々まで優良なインフラを整備してきた。機能も高いし維持管理状態もいい。用地も含め資産面で余裕のある場合も少なくない。ところが、地域住民に公共サービスを提供する、あるいは制度に規定された機能を維持することに注力してきたため、優良な資産の価値を出し切れていないことが多い。また、公共サービスのための資産は需要のピークに合わせて作られてきたから、稼働率が低いケースが殆どだ。言い換えると価値を高める余地がある。

大規模な工場を抱える地域を除けば、公共資産は民間事業者の規模よりはるかに大きい。資産価値を高めることによる経済効果は資産の規模が大きいほど大きくなるので、公共資産に注目した地域経済の底上げ戦略は経済的な合理性が高い。

　現状のままだと、人口減少と財政的な制約で維持管理費を賄えない地域が出てくる可能性がある。維持管理状態が悪くなれば、公共資産の価値を高めるための資金を呼び込むことも難しくなる。公共資産の価値を高めるための政策は待った無しの状態にある。

●資産価値向上の条件

　公共資産の価値を高めるためにはいくつかの条件が必要になる。

　一つ目は、目利きだ。地域の資産の価値を高めるために何より必要なのは、潜在的な資産の価値を見抜く能力だ。そのためには、設備の機能だけでなく、対象地の条件、外部のインフラとの接続性、周辺地域の経済構造、国内外の経済状況、周辺地域の企業力、当該地域の自治体の政策姿勢、等々を評価しなくてはならない。公共資産の価値とは貸借対照表上の簿価ではなく、将来収益から割り出した事業資産としての価値であるからだ。それを見極めるためには、公共サービス用としての資産の適否を見るよりはるかに広い視野が必要になる。設備の内容など狭い範囲に注目すればするほど、当初の投資額などにしばられ、独りよがりの評価に陥る可能性が高まる。地域の資産の本当の価値や可能性を見出すためには、地域外の事業の専門家の眼が必須と言える。

　二つ目は、ビジネススキルだ。地域の資産の価値を高める可能性を実現するということは、何らかの可能性で事業として成功させることに他ならない。まずは事業運営の視点で無駄を削り、人材と資金を効率的に投入できる体制を作る。その上で、公共サービスとしての基幹業務について十分な体制を取りながらも、IT を使うなどして効率化

序章　今なぜ新たな PPP・PFI などの価値を創出する官民協働が注目されるのか　*19*

を図る。さらに、付加的な収入増の可能性を見出し、資金を投入するといったプロセスで資産の価値を上げることになる。付加的な収入が得られる事業の投資を回収するためには事業計画を立て、優秀な人材を確保し、外部の民間企業・自治体・NPOなどと連携し、顧客のネットワークを広げ事業を運営していかなくてはならない。公的資産の価値を上げるには、公共サービスの信頼性を失わないように基幹業務をこなしつつ、付加的な事業に精力的に取り組むという両睨みの能力が不可欠になる。

　三つ目は、技術力だ。日本の公共サービスの価値を高めるに当たって、革新技術の導入は欠かせない手段となっている。人材不足は今後も続き、財政が好転することも見込めないからだ。少ない人材で公共サービスの信頼性を効率的に維持するためには、革新的な技術、とりわけ、ITをいかに活用するかが不可欠のテーマになる。技術の伝承という意味でも重要だ。団塊の世代が現場から引退し、技術者が減って年代間の技術の伝承が難しくなる中、IoT（Internet of Things）や人工知能の技術を使って、熟練の技を継承できるかどうかが事業を継続できるかどうかを左右することになる。既に、多くの民間の工場でかつての匠の技がデジタルデータに転換されている。

　ニーズ分析、情報サービス、顧客フォロー、将来的には顧客対応にもITが欠かせない。ITを使った技術革新なしで良質なサービスは成り立たないという意識を持たないといけない。公共サービスの現場にITを導入するためには、慣行を払拭し、時代に合わなくなった対応を見直す必要がある。規制緩和が必要なケースも出てくるはずだ。効率性と品質第一でサービスの現場を見直せるかどうかが問われる。

●官民協働の必要性

　こうした目利き力、ビジネス力、技術力を自治体だけで確保することはできない。また、企業が都市部などに偏在するという構造の中

で、地域の中の視点やネットワークだけでは実行が難しいという問題もある。そこで、地域の価値を向上させるためには、地域の外にも目を向けた官民の協働が必須ということになる。

　官民協働については日本も長い歴史を持っている。詳細は第1章に譲ることとするが、現在の官民協働の枠組みの発端となったPFI法（民間資金等の活用による公共施設等の整備等の促進に関する法律）の成立から数えても20年近い歴史がある。バブル経済崩壊の時代に官民双方に巨額の負債をもたらして評価を下げたが、一時は日本的官民協働とも思われた民活法（民間事業者の能力の活用による特定施設の整備の促進に関する臨時措置法）時代の第三セクターも忘れてはいけない。そこから数えれば、30年の歴史があることになる。海外に目を転じれば、PFIの本家イギリスではBOT（Build Operate Transfer）を中心としたPFIやアウトソーシング、大陸側のフランスではアフェルマージュ（民間による公共施設の長期運営）やコンセッション（公共施設の一定期間内の運営権付与）などが普及している。民間主導と思われているアメリカにも、公債を使ったパブリックファイナンスの仕組みがある。

　このように官民協働の仕組みは国や時代によってかなり内容が異なる。事業の目的は同じでも、法制度や財政構造、官民の事業スキルのレベル、価値感などにより取り得る事業方式が変わってくるからだ。世界中のPPPに経験がある人はあまりいないので、専門家と言われる人の間でも、経験の違いから官民協働に関する理解が異なっている。事業の成果で客観的に見ようとしても、時代や事業環境によって評価が分かれる。事業方式をもって優劣をつけることが難しいのが官民協働事業なのである。

●官民協働事業の導入に必要な視点

　これから官民協働の仕組みを使って地域の活力を高めるためには、

以下の三つの点が重要となる。

一つ目は、官民協働事業に関する理解を深めることだ。単に事業の構造だけでなく、事業構造が生み出された背景やその国特有の事業環境などについても理解を広げた上で、長所と課題を把握する必要がある。そうして官民協働事業の本質を捉えた上で、地域の事情に応じたエッセンスを取り入れることが重要だ。他の地域の事例をスライドするだけでは地域の価値を拡大する官民協働事業は立ち上がらない。

二つ目は、発想力をつけることだ。特定の施設の経済性を高めるための協働事業の仕組みはかなりの部分共通化、定型化することができる。しかし、地域を活性化するための方法は資産の種類、地域の特性、目的等によって、それこそ千差万別だ。そこで成果を出すためには、既存の手法に固執しない柔軟な発想力が必要になる。地域ならではの成果を目指すのなら、既存の枠組みに縛られない広がりのある発想力が求められる。

三つ目は、地域側も投資の意識を持つことだ。例えば、サービス購入型のPFIでは、契約期間内に拠出し得る公共側の資金を根拠に民間に業務を委託する。民間の技術やノウハウによって事業を効率化することで地域財政の改善に貢献できるが、これだけでは資産価値は十分に拡大しない。地域としての資産を差し出す、事業を支える資金を提供する、出資するなどにより、一定の投資リスクを負わないと地域の資産価値は増えていかない。

以上の観点から、地域の価値を高める官民協働事業を立ち上げるには、事業性を高めるための周到な企画が必要になることが分かる。事業の知見は民間が持っているのだから、いかに企画段階からビジネスモデルやマーケット構造を理解した民間事業者の知見を取り込めるかが問われることになる。民間との対話を進めるのはもちろんだが、全ての民間人がこうした知見やノウハウを持っている訳ではない。さらに言えば、入札制度に的確に対応することを重要な役割としてきた公

共事業の担当者がこうした知見やノウハウを持っていることは稀だ。コンサルタントにしても、公共セクターの担当者が事業の立ち上げや民間企業の動き方に精通していることは少ない。委員会を組成して事業の立ち上げに十分な経験と知見を持っている人材を招くことは可能だ。しかし、今の日本の委員会の中途半端なミッションや権限と不十分な報酬でそうした人の本当の知見を引き出すことはできないだろう。

　事業の価値を高めるための知見やノウハウは、事業に主体的に関わる人の中から捻り出されるものだ。経験者のアドバイスを受けるにしても、主体的な立場にある人が本気になって経験者と対話することで知見が伝授される。結果として、事業の価値を高めるためには、対象となる事業に投資する意志のある民間事業者を絞り込み、アイディアを引き出さなければならないことになる。

　日本の公共事業は公共側が事業の仕様や条件を設定するための知見を有していることを前提に基本的な制度ができている。その前提が崩れていることは誰もが分かっている。地域には、こうした制度の建前と実態のギャップをどのようにつなぐかが求められている。その可能性を理解するために、まず第1章で日本のPPPの歴史を振り返ってみることにしよう。

第1章

日本版PFI・PPPの歴史に学ぶ
新たな官民協働事業のあり方

① 肥大化した公共事業の改革

●負債を積み上げた公共事業

　1997 年、橋本龍太郎首相の下で構造改革が進められる中、山一證券と北海道拓殖銀行が破たんした。護送船団と呼ばれた大蔵省指導の下で、破綻しないはずの大手金融機関が破たんしたことは、1990 年代前半のバブル経済の崩壊以上に日本経済に衝撃を与えた。年末には緊急経済対策が示され、その中で言及されたのが、イギリスの構造改革の中で生まれた PFI だった。しかし、この時は本来の趣旨とは異なり、構造改革の下で財政出動ができない中、民間資金で公共事業を進められる政策として PFI が注目された。

　一方、当時はバブル経済の崩壊以降、日本の公共財政は年々厳しさを増していた。バブル経済崩壊時点では GDP 対比 60％程度であった公共部門の長期債務は、金融危機の頃には 100％を超えていた。200％に達する現在から見ると、大騒ぎするレベルではないかもしれないが、債務の積み上がりが急だったこともあり、公共財政への危機感が高まった。同時に、その元凶は肥大化した公共事業であるとする声が多くなった。GDP 対比、他の先進国の公共投資が 3％前後であるところ、日本では新興国並みの 6、7％もの公共投資が行われていたからだ。欧米先進国に比べると、まだまだインフラ整備が必要だった当時の日本で、ある程度積極的な公共投資が行われるのは仕方のない面もあった。しかし、日本の公共事業で問題だったのは、投資されるインフラや設備の量よりも、その単価にあった。

　当時の日本の公共事業の単価は欧米に比べて 2 倍程度あることが珍しくなかった。原因は過剰仕様である。過剰仕様の原因となったのは、仕様発注と仕様の作成プロセスだ。仕様発注とは発注側が細かい仕様や設計まで指定し、受注者は発注側の指示した通りに設備等を作

るという調達の方式だ。受注者より発注側が設備等の仕様について高い知見を持っている場合に有効な方式と言える。

　仕様の作成プロセスで問題だったのは、財務的な効率性を求める声が弱い中で仕様や基準が作られたことだ。公共事業には分野ごとに設計基準等がある。設計基準を作るための議論は所管官庁、民間事業者の技術者（ないしは経験者）、技術系の大学の先生等で行われた。こうしたメンバーで基準の議論をすると、経済効率性より技術的な先進性や安全性が過度に評価される傾向が生じやすい。受託者は先進的で安全性の高い設備が発注されるほど受注額が高くなり、技術系の先生の関心は先進性や安全性に偏りがちだし、省庁は予算が大きくなるほど行政サイドでの存在感が増すからだ。

●仕様発注から性能発注へ

　一般に、仕様は設備や機器等をよく理解している者が決めることが効率的だ。例えば、優秀な技術者を数多く抱える自動車メーカーでも、個々の部品の細かい仕様は部品メーカーに任せる。製造業の頂点に君臨する自動車メーカーでも、部品の仕様は部品のことを良く知っている部品メーカーに任せることが効率的と理解しているからだ。そう考えると、自治体が民間事業者より仕様に関する知見を豊富に持っている設備や機器等は殆どない。にも関わらず、長い間仕様発注が採用されてきたのは、かつて公共投資の殆どが土木建築物であり、自治体が優秀な土木建築関係の技術者を抱えていた時代があったからだと思われる。しかし、その後、公共事業でも機械設備やITを使った施設が数多く建設され、サービスの重要性も高まった。こうして時代が変わっているのに、過去のやり方を変えなかったために、詳細仕様を民間事業者に頼らざるを得なくなった。それは仕様作成プロセスへの直接間接の介入を許すことにつながり、不公正な発注が蔓延する一つの原因にもなった。

第1章　日本版 PFI・PPP の歴史に学ぶ新たな官民協働事業のあり方　*27*

1990 年代には、特別な分野を除いて、公共側と民間側の技術力は完全に逆転していたから、詳細な仕様は民間事業者に委ね、質が高く効率的な設備や機器等を納入するための知見を求めればよかった。それでも自治体の役割が無くなる訳ではない。細かい仕様を民間事業者に任せても、自治体には、地域住民のニーズを把握し、設備や機器等がどのような性能を満たすべきかを考え、定めるという重要な役割があるからだ。自動車なら、部品メーカーがどれほど詳細な仕様を決めようと、市場のニーズを捉えてコンセプトやデザイン、基本性能を決める役割は完成車メーカーが握っている。地域住民の生活レベルが上がり、より快適な生活を求めるようになるほど、消費者のニーズが高度になるほど自治体本来の役割は重要性を増す。

　このように発注側は設備や機器等に求められる性能、あるいは重要な仕様だけを決め、詳細の仕様は民間事業者に委ねる発注方式を性能発注と呼ぶ。1990 年代以前から民間企業の調達や海外のインフラ工事等では一般的になっていた方式である。

●自治体財政を圧迫した維持管理・更新コスト

　自治体にとって、もう一つコストを押し上げる要因となっていたのが、施設や設備等の維持管理・更新のコストだ。日本の公共工事では施設や設備等の維持管理・更新は、これらを納入した事業者にしかできないという理解が広まっていた。納入事業者が設備や機器等の細かい設計や特性を理解しているからだ。こうした慣行により随意契約になると分かっている民間事業者は、過剰気味の更新工事、部品交換等を見積もり、自治体がその見積もりを基に予算を作るため、競争入札で調達するのに比べてはるかに高い価格で発注されることになった。更新工事は更新期間が短くなるのでコスト負担が一層増す。自治体の場合、初期投資と違い、国の十分な財政支援がないため、維持管理・更新コストの増加は自治体財政にダイレクトに響くことになる。

こうした事態を防ぐためには、維持管理・更新の業務を競争入札に付せばいいのだが、公共側は施設等の納入事業者以外が適切に費用を見積もるために必要な詳細図面や維持管理データなどを取得していない、特許などの権利を適切に処理できない、民間側は他の事業者が作った施設や機器等の維持管理・更新業務の受注を重視していない等の理由で競争を成立させるのが難しかった。

　そうであれば、施設の建設当初の段階で、適当な期間の維持管理・更新業務を建設工事と一体で入札に付せば、維持管理・更新業務にも競争性が働くという考えが成り立つ。PFI はそのための一つの方法でもある。

　1990 年代末、PFI に対しては、構造改革下での経済対策と捉える立場や公共工事の改革手法と捉える立場、イギリス式の改革手法の導入機会と捉える立場等が交錯していた。経済対策として見た場合、当時の日本の PFI は補助制度などの問題で民間資金のシェアが多くなかったため、民間資金による景気の底上げという効果は小さかった。一方で、PFI に効率化効果があることを理由に、構造改革で止められていた事業が再開された例が少なからずあるから、皮肉にも経済対策として一定の効果はあった。

　三つの立場の中で、最も効果を上げたのは、公共工事の改革手法としての立場だ。性能発注と維持管理・更新を含めたライフサイクルでの発注は、多くの分野で大幅なコスト削減とリスク移転を実現した。筆者等が関わった一般廃棄物処理施設の案件では、従前に比べて 3 ～ 4 割程度コストが削減された。当時、PFI ないしは同類の方式を用いた事業の多くで同程度のコスト削減が実現された。こうした PFI 等によるコストダウンは公共事業全般のコストにも影響を与えた。

● PFIの七つの副次的効果

　一方で、コスト以外にも PFI は以下のような七つの副次的な効果

も生んだ。

1）総合評価を進化、普及させた

　自治体から見ると、民間事業者が提供する施設やサービスの調達の良し悪しは、獲得された価値を分子、調達価格を分母とする概念的な分数で評価することができる。公共工事の事業者選定が価格入札一辺倒で行われてきたのは、分数の分子が公共側が提示する詳細な仕様により一定であるためと解釈することができる。一方、性能発注になると、分子の価値は事業者によって異なるため、価格だけで評価すると、安物買いの銭失いになりかねない。そこで、価格と価格以外の要素を一定的にする事業者の評価方法として総合評価が必要となった。

図表1－1　総合評価の概念

$$\text{調達の評価} = \frac{\text{獲得価値}}{\text{投入費用}}$$

	価格入札	総合評価
獲得価値 ⇒	一定	変動
投入費用 ⇒	価格	価格
	⇓	⇓
	価格のみを評価	獲得価値と価格を一体で評価

　総合評価自体はPFI導入前から検討されていたが、例えば、橋の架け替え工事における通行止め時間を非価格要素とするなど、価格以外の要素の範囲が限定的で、最終的な評価への影響も小さかった。PFI導入後は、施設の運営・維持管理、資金調達、顧客サービス、事業体制等、事業の価値を評価する視点が増えたことから、非価格要素の範囲が広がって落札者決定に及ぼす影響が格段に大きくなった。PFI法施行から2、3年後には、加算方式の総合評価で非価格要素の比率が価格要素を上回る例が珍しくなくなった。ただし、一時は、非

価格要素の比率は7割以上となる事業もあったが、最近では、1：1付近が主流となっているようだ。

2）ライフサイクルで事業を評価する傾向が強まった

20年程度の契約期間のPFIの実績を基に初期投資と運営維持管理費を比べると、後者のほうが4割程度高くなっている。自治体では、運営維持管理費には初期投資のような国からの潤沢な補助金や地方交付税がないため実質的な財政負担が大きい。にもかかわらず、初期投資ほど厳格に入札を行おうという意識がなかった。一つの理由は、前述したように、施設等の運営維持管理は施設等を整備した事業者にしかできないという思い込みがあったからだ。運営維持管理費について、これといった管理手法が無かったこともある。自治体の予算主義も重なり、施設等の整備時に費用計画が策定されたものの殆どフォローされなかったケースもある。PFIでは、初期投資と同時に20年程度の契約期間の運営維持管理費も入札に付されるため、自治体の財政負担は大いに減ったはずだ。

3）リスク移転が進んだ

性能発注の特徴は詳細仕様に関わるリスクを民間事業者に移転できることだ。PFIでは民間が20年程度にわたり施設の運営維持管理に当たるため、長期にわたってリスクを負担してもらうことができる。仕様発注と建設請負が中心の時代には、新しい技術を導入した施設についても、民間事業者が当該技術のリスクを十分に負わないケースがあった。仕様発注の下では、建前上、仕様決定の責任は公共側にあるが、実際の仕様決定の過程では民間事業者が様々なルートを使って新技術を売りこみ、当該技術の採用が入札の結果を左右していたのだから、建前論を行使するのは妥当ではない。検収時の検査に合格しても、新技術のリスクの全てが短期間の検査で顕在化する訳ではないから、検収後に民間が全くリスクを負わないのは適当ではない。

廃棄物処理事業では1990年代末にダイオキシン対策のために数々

の新技術が導入されたが、性能発注と長期の運営維持管理を取りこんだ契約形態の事業と従前の形態を踏襲した事業で自治体のリスクの明暗が分かれたケースがある。前者においては民間事業者が不安定な新技術のリスクを負ったが、後者では自治体がリスクを負うことになった。今では、当時導入された新技術の多くが市場から姿を消しているから、公共サービスのリスク管理手法としてどちらが優れていたかは結果が出ている。

4) 資金調達方法が多様になった

PFI 以前の公共事業は自治体の自己資金、公的な補助金、公債などで賄われていた。PFI はその名の通り、民間の投資資金、金融機関からの融資、債券などで賄われることになる。その分だけ、自治体の資金調達リスクが減り、オフバランスが進む一方、資金提供者から資金の使途の妥当性や回収の確実性などについて厳しい評価を受けることになる。筆者等の経験では、民間が資金を供給する BOT 事業では、公的資金によって施設を整備し民間企業が設計から運営維持管理までの責任を負う DBO（Design Build Operate）事業より施設規模が小さくなる傾向が見られた。金利は高くなるが、民間資金の導入に自治体の財政規律を高める効果があることは確かだ。

しかしながら、日本では民間資金が導入されるに併せて、地方債の発行などが厳しくされなかったので、民間資金導入の財政的な意義は小さいものとなった。コンセッションにはその流れを変えることが期待されている。民間事業者が公共施設等の運営権を得る替りに巨額のリスクマネーを投じるからだ。

5) 契約内容を官民で協議することが一般的になった

日本では自治体から提示された契約書は一言一句修正することはできない時代が長く続いた。自治体が何故頑なに定型の契約書に手を入れるのを拒んだのかは定かではないが、定型の契約書を押し付けることがリスク回避につながると思っていたのかもしれない。しかし、自

治体が建設請負だけを手掛けていれば契約書を定型化できるかもしれないが、実際には色々な事業があるから、定型の契約書だけで対応するのは無理なことだ。民間の創意工夫を活かせず、自治体が過度のリスクを抱えることにもつながる。結局は、定型の契約書に書かれていない責務をやり取りすることになり、契約書が形骸化し、自治体のリスク管理機能が低下した。また、こうした形骸化が官民の癒着を生み談合構造の一端を担ったという側面もある。

PFIが導入されてから官民で契約内容を協議することが当たり前になった。契約交渉という表現を拒み、契約の詰めと表現する向きもあるが、表現を変えてもやっていることは契約交渉の類である。官民で事業契約の内容を協議することが多様な構造の事業を可能にし、自治体のリスクを下げ、効率化を進め、サービスの質を高めることにつながるという理解が重要だ。また、その過程で民間の柔軟な発想やアイディアを吸収でき、自治体側にも事業を立ち上げるための知見が築かれていく。

6）公的事業に参加する企業が多様になった

PFI導入以前は、公共事業の受託者と言えば殆どが建設会社だった。PFIの導入を契機に、施設建設を伴う事業にも、金融機関、商社、メーカー、各分野のサービス会社などが参画するようになった。外資系企業が参加するようになったこともPFI導入の成果と言える。参加企業の範囲が国内外、各産業に広がったことで、公共事業の分野に企画、運営、資金の調達・管理など幅広い面で、それまでになかったノウハウが持ち込まれた。PFI導入当初、PFIで作られた施設が従前の施設に比べ簡素過ぎるという指摘もあったが、事業の経済性を考えたことの結果であるし、華美過剰気味であったそれまでの状況を考えれば妥当な結果だ。一方、運営面では、仕様発注時代とは比べ物にならないくらい工夫されたサービスが提供されるようになった。

こうして施設建設・改修を伴う公共サービスの分野で建設会社以外

の企業のシェアが増えることとなったが、建設会社が劣勢になった訳ではない。PFI の受注ランキングの上位には大手建設会社の名前が並ぶし、コンセッションで活躍している企業もある。国境、産業分野を超えた企業の参入は建設会社の付加価値を高めることにもなったのである。

7）公共サービス分野の助言者が多様かつ専門的になった

PFI 導入以前は、公共サービス分野での弁護士や会計士の活躍の場は限られていた。また、コンサルタントにしても、自治体が作成した仕様に基づき図面の作成や調査を行う業務が殆どだった。自治体の指示に従って業務を行うという意味では、設計図通りに施設を建設していた建設会社と変わらない。PFI では 20 年にわたるリスクを管理するため、公務員にはない専門的な知識が必要になる。そこで登場したのが、事業立ち上げのための専門的な助言や資料作成のサービスを提供するアドバイザーと呼ばれる事業者だ。PFI アドバイザーは、技術的な専門知識を持ったテクニカルアドバイザー、財務面の専門知識を持ったフィナンシャルアドバイザー、弁護士などの法務の専門家、リーガルアドバイザーからなるチームを組成するのが一般的だ。アドバイザーという呼称で弁護士を始めとする専門家が参加し、コンサルタントはそれまでの公共向けの業務とは違った立場で仕事ができるようになった。自治体が負担するフィーは上がったが、その分、多方面の専門的かつ実務的な助言、支援を受けられるようになり、事業の経済性やリスク管理が格段に改善した。

PFI アドバイザーはイギリスから持ち込まれた呼称だが、海外の大型公共工事では、以前からプロジェクトマネジメントと呼ばれる同じような専門サービスがあった。その意味で、PFI を契機に日本の公的事業も、ようやく世界レベルのプロジェクト運営体制やリスク管理体制が整ったと言うことができる。

● PPPの変遷を捉える三つの視点

　上述したメリットはPFI法の成立を契機に日本中にPPPを普及させた大きな原動力の一つだ。過去には理屈の上では正しくても効果の範囲が狭く普及しなかった政策がたくさんある。自治体がPPPの中心的な役割を担ったこともPFIからPPPへと拡大した理由の一つだ。自治体は住民向け公共サービスの殆どを担っている上、個有の財務諸表を持つなど、省庁などに比べて財政運営に対する主体性が強いからだ。他地域で効果を上げた施策を講じなければ批判を受けるという良い意味での横並び構造もある。金融危機の下、民間資金を使った公共事業という位置づけで経済対策に盛り込まれることで始まった日本のPFIが、その意義や目的を変遷させPPPの受け皿になった背景には自治体の果たした役割が大きい。

　一方、昨今のPPPへの期待は1990年代末のPPPへの期待とは違っている。これからPPPを地域の付加価値作りに活かしていくには、そうした変遷を捉えることが欠かせない。そこで重要なのは次の三つの視点だ。

　一つ目は、国の政策の大きな動きである。PFI法が成立した頃、日本の政策には、日本経済を悪化させた旧来の構造を変えなくてはいけないという構造改革の流れと、大手金融機関の破綻などにより危機に瀕していた日本経済を何とか上向きにしなくてはいけないという経済対策の流れがあった。PFI法の立案に関わった人の多くが構造改革派であったためか、PFI法には、民間主導で日本の公共サービスを改革するという考え方が織り込まれた。しかし、PFI法が成立した1999年は、金融危機からの立ち直りを目指した経済高揚路線が強かった時代である。公の場で構造改革の必要性を論じると、経済を縮小させると厳しい叱責を浴びることもあった。

　そうした中、構造改革という言葉の封印が解かれたのは、2001年に小泉政権が誕生する前くらいだ。大手金融機関の破綻で危機に瀕し

た日本経済を救うために財政出動が必要であったことは否定できないが、それを続けても日本経済が再生する訳ではない、日本経済の構造的な問題を解決する必要があるという理解が再び共有されたのは、PFI法が初めて国会に上程されてから3年近く経った時だったのである。改革を進めるには現場を支える人達の気持ちに加え、それを後押しする政策姿勢が重要であることが分かる。

　二つ目は、制度の動向である。構造改革路線を明示する政権が誕生すると、待っていたかのように改革のための制度改正等が各方面から提示された。水道分野では2001年に水道法が改正され、それまで細切れだった民間への委託を水道の機能ごと一まとめにして委託できるようになった。また、下水道分野でも、2001年に、より付加価値の高いアウトソーシングのためのガイドラインが示された。

　地方制度の分野でも、2003年に地方自治法が改正され、公の施設の管理を民間事業者を含む事業者が行うことができる指定管理者制度が施行された。そもそも民間主導の時代に公の施設という制度を残すべきだったかという議論もある。しかし、それまで自治体ないしはそれが支配権を持つ団体にしか管理が許されていなかった施設の管理を民間事業者が手掛けられるようになったことには意義がある。指定管理者制度があらゆる公共サービスに民間事業者が進出できるための素地を作ったと捉えることも可能だ。

　後述するように、制度改正と並行して、この時期にはPFI事業の好事例となるような付加価値の高い事業が立ち上げられた。

　三つ目は、国内外の経済動向である。経済情勢は政策や制度に大きな影響を与える。公的債務が肥大化すれば、それを緩和するために、より効率的に公共施設等を調達するための制度や仕組みが講じられ、経済成長が低迷すれば、経済を底上げするための公的投資が拡大される。政策や制度に影響を与えるのは国内経済だけではない。

　2010年、日本は長らく維持してきた世界第二の経済大国の地位を

図表1−2　PFIの成果とPPPの視点

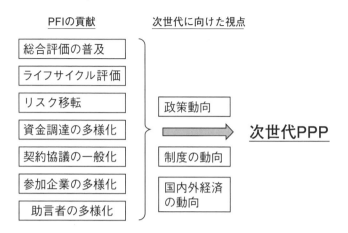

　中国に譲り渡した。一人当たりGDPでは2000年代にシンガポールに抜かれ、2010年代中には台湾、韓国に抜かれる可能性もある。もはや、日本はアジア随一の経済大国と言えない。しかも、これらの国々の経済成長率は日本より高いから、日本は国としての、あるいは一人当たりGDPで差を広げられることになる。

　世界経済におけるポジションの低下は、成長路線の強化という形で政策に反映され、PFI、PPPでも経済成長に資する事業のための制度改正が行われる。1990年代末の金融危機以降、構造改革のための数々の制度改正や法整備が行われたが、こうした時代の流れが最も反映されたのがPFI法と言える。1999年に成立して以来、数度の改正が行われ、法文の長さは当初の4倍程度となり、コンセッションを始めとする様々な事業形態や制度が含まれるに至った。その内容は既にPFIの範疇を大きく超え、日本版PPPの受け皿としての様相を呈している。（図表1−2）

　以下、そうしたPFI法改定の歴史を見てみよう。

●混沌とした PFIのスタート

　PFI 法が初めて国会に上程されたのは橋本龍太郎首相の下で構造改革が進められていた 1998 年である。この年の国会は前年に起こった大手金融機関の破たんの影響で金融関連法案が目白押しとなり、PFI 法の成立は見送られた。一方、公共サービスの現場では、法律の成立を待たず、先行的な PFI プロジェクトの検討や立ち上げ準備が、当時の制度の許される範囲内で進められていた。こうした状況はイギリスが 1992 年に PFI を正式に導入する以前から先行的なプロジェクトが進められていたことと似ている。法律の成立前から、実態としての事業が先行していたという事実は重要である。

　橋本政権を引き継いだ小渕恵三首相は金融危機の影響により、バブル経済崩壊後ですら何とか横ばいを保っていた GDP が名目、実質共にマイナスを呈したことから、積極的な財政出動を行った。2000 年頃になると 1990 年代後半から普及したインターネットを活かした IT ベンチャーが次々と立ち上がるなど、経済は民主導で活性化するかに見えたが、IT ブームはほどなくバブルとして弾け、日本はいよいよ本格的な構造改革が必要とされる時代となる。

　この間立ち上げられた PFI 事業には二つの特徴があると考えられる。一つは、事業の効率性やリスク移転を主眼とした構造改革路線にある事業だ。具体的には、一般廃棄物の処理事業や庁舎など基本的な行政施設の整備事業だ。もう一つは、構造改革や財政の悪化でストップしていたが、PFI によって効率化するという理由で実現されることになった事業だ。PFI が免罪符となった事業とも言える。具体的には、財政難の下で進められた文化施設や不要不急の住民サービス施設などが挙げられる。PFI 法成立直後に、事業の効率化を目途とした事業と、公共投資を後押しする形となった事業が混在したことが時代を反映している。

図表1-3　イギリスと日本の構造改革

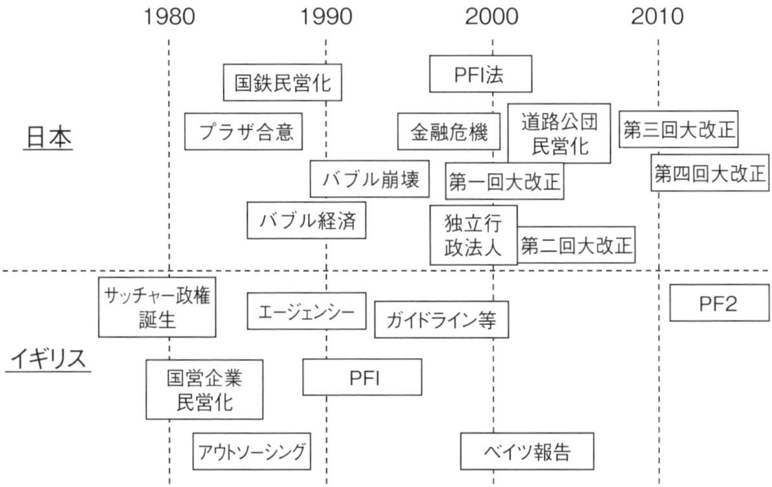

日本

1980	1990	2000	2010

- 国鉄民営化
- プラザ合意
- バブル崩壊
- バブル経済
- PFI法
- 金融危機
- 道路公団民営化
- 第一回大改正
- 独立行政法人
- 第二回大改正
- 第三回大改正
- 第四回大改正

イギリス

- サッチャー政権誕生
- 国営企業民営化
- アウトソーシング
- エージェンシー
- PFI
- ガイドライン等
- ベイツ報告
- PF2

　イギリスでは1970年代の末にサッチャー政権が誕生すると構造改革路線が明示され、1980年代初めに反改革の核となっていた国営企業の民営化が断行された。他国ではアウトソーシングやコンセッションが主流となっている水道事業まで民営化されると、1980年代の中盤には残った公共サービス関連の事業がアウトソーシングに付され、1980年代の後半には、行政組織がエージェンシーとなり民間企業さながらの効率運営が行われるようになった。その後、1980年代の後半から実態的な事業が立ち上がり、1992年に正式導入されたのがPFIである。（図表1-3）

　このように、イギリスでは毅然とした構造改革路線の中でPFIが導入されたのに対して、構造改革路線の維持か、金融危機後の経済立て直しのための財政出動かという迷いの中で導入されたのが日本のPFIである。上述した二つの性格のPFI事業が混在したことは、構造改革と経済対策に迷うPFI法が成立した時代の日本の政策の状況を物語っている。

第1章　日本版PFI・PPPの歴史に学ぶ新たな官民協働事業のあり方　39

●初の大型改正

　PFI法は成立からわずか2年後の2001年に第一回の大きな改正が行われた。この時の改正は国や自治体の施設と民間施設の合築によりPFI事業を行う場合を想定したものだ。合築時に民間事業者に行政財産を貸し付けることができることとした上で、民間事業者がPFIの事業期間を超えても業務・商業等の施設を所有できるようにした。自治体が所有する施設を建て直す場合、容積率を十分に使い切っていないことが多いため、新築の構造物の延べ床面積を大幅に拡大できる可能性がある。しかし、行政改革の必要性が叫ばれる中、建て替えにより行政が使うオフィスの床面積が拡大したのでは、国民、地域住民の声に応えることはできない。そこで、増床部分に民間向けのオフィスや商業施設を整備すれば、経済効果が高まり、地域・地区の活性化にもつながるし、事業の収益性にも寄与する。ただし、質の高い建物内に整備された民間の収益施設は長い期間使われるので、20年程度のPFIの事業期間で公共側に所有権が移転されては回収できる資金が減ってしまう。PFIの事業期間が終わっても民間事業者が収益施設を運営できるようにすれば、経済効果、収益改善効果を一層高めることができる。2001年の改正はこうした民間事業とPFI事業の橋渡しするための措置と言える。

　PFI事業の現場を見ると、2001年には、PFIの元祖イギリスの病院事業よりもはるかに付加価値の高い病院PFI事業が高知県・高知市と近江八幡市で立ち上がった。両事業は医療行為以外の業務は全て民間事業者に任せ、医師や看護師は医療サービスに注力し、民間事業者の経営能力による病院全体の効率化も狙ったものだ。民間事業者の業務範囲は施設の計画・設計・建設・維持管理、医薬・医療材料・医療機器・医療サービスの調達、給食、医療事務等、広範にわたり、PFI事業としての契約金額は1000億円単位に上った。両事業は、事

業開始後から数年程度で契約破棄という事態となるが、PFI法の成立からわずか2年で、これほど付加価値の高い事業にチャレンジしようという機運が生まれたことは評価されるべきだ。

2002年には法改正の趣旨を反映した象徴的な事業である霞ヶ関の中央合同庁舎7号館整備等事業が立ち上がった。7号館は古びた官庁施設が立ち並ぶ霞ヶ関の印象を一変させた。今では、いわゆるマッカーサー通り周辺に近代的な高層ビルが立ち並ぶようになっているが、7号館のプロジェクトが霞ヶ関と新しい高層ビル群をつなぐ事業として、周辺地域の付加価値向上に一役買ったことは間違いない。

＊拡大する改革の動き

上述したように2001年にはPFI法成立に端を発した改革の流れが公共サービスに広がり始めた。（経済を縮小するという理由で）構造改革という言葉が封印されていた間にも、官民双方の事業の現場では、次の改革の波に備えた制度や事業の仕込みが行われていたのだ。これは、PFI法の成立以前から、PFIを念頭に置いた事業の立ち上げが試みられていた1998年頃の状況と似ている。

こうした動向には政治や経済の動きの影響もある。2001年は、「改革なくして成長なし」、をスローガンとした小泉政権が立ち上がった年でもある。硬直した制度を改革し民間主導で経済を盛り上げよう、という機運が急速に広まり、国民にも支持され始めた時期だ。小泉政権の立ち上がりは、公的事業の分野でも新規性のある事業にチャレンジしよう、という機運を後押しすることになったと言える。

経済的に見ると、バブル経済崩壊後停滞していたGDPが名目ベースで立ち上がりを見せ始めた。また、日本でも1990年後半から普及し始めたインターネットを使ったベンチャービジネスが目立ち始め、新しい経済の動きが感じられた時期である。インターネットベンチャーの急速な立ち上がりはバブルとなり、ほどなく弾けたが、この

時期に生まれて生き残った有力なベンチャーはその後も着実に成長を
遂げた。IT バブルの崩壊は公的分野でのチャレンジングな機運を損
ねることにはならなかった。

＊運営重視の第二回大型改正

2001 年の改正に続く大型の改正が行われたのは 2005 年だ。この時
の改正では、2001 年の改正で追加された行政財産の貸し付けの規定
がより明確にされた。また、2003 年に地方自治法の改正で制定され
た指定管理者との整合性が図られた。指定管理者は地域住民の接点と
なる公の施設の管理を民間事業者に委ねることを可能とした制度だ。
民間事業者が地域住民向けのサービスの前面に立つ道を拓いた意味は
あるが、指定管理者制度は PFI のような投資を伴う事業を念頭に置
いた制度ではない。一方で、法律制定2、3年で付加価値を追求し始
めた PFI 事業が、住民向けサービスを提供する施設の管理を事業範
囲に含めたいと考えるのは当然だ。そこで、公の施設が PFI の対象
となった場合、指定管理者となるための行政処分が円滑に行われ、住
民向けサービスを手掛ける施設を民間事業者が主体的に管理運営でき
るように配慮されたのである。具体的には、公の施設が PFI 事業の
対象となった場合、民間事業者が選定された後、速やかに指定管理者
となるように措置することになる。

こうした改正の内容から、2005 年は、施設の建設・維持管理を効
率化する、という PFI の当初の期待が質の高い住民向けサービスの
提供やそのための事業を重視する方向に舵が切られた時期と捉えるこ
とができる。

PFI 事業の実施状況を見ると、法改正の一年前には東京都多摩広域
基幹病院及び小児総合医療センター（仮称）の事業が立ち上がった。
高い付加価値を目指しながらも契約破棄となった高知県・高知市、近

江八幡市の病院PFI事業の反省を取り入れ、経営力を重視して立ち上げられたのが同事業だ。4つの都立病院を統合し、患者視点の経営を実現するというチャレンジングな事業だったが、病院再編の面からも住民視点の面からも高く評価される事業となった。後年、民間誌が行った病院経営力ランキングでベスト5に入るなど経営面でも高い成果をあげた。

　また、新しい分野としては山口県で立ち上がった美祢市の刑務所事業が注目された。刑務所という官による厳格な監理が不可欠な事業構造の中で、民間事業者の経営ノウハウをどれだけ反映し得るかという難しい課題を背負った事業だったが、入居者向けサービス、経営効率などで成果を上げた。

　そして、法改正の年（2005年）には日本のPFI史上で特筆すべき大型かつ高付加価値事業である、羽田空港の旅客ターミナル、貨物ターミナル、エプロン整備のPFI事業が立ち上がった。本事業は、固定的だった空港内の事業構造に変革をもたらし、海外企業の参入を促し、羽田という立地特性を活かした利用者指向のサービス、経営効率、リスク耐力を実現する等、複数の目標を持った事業となった。その後、海外からの旅客が大幅に増加するという追い風もあったが、鉄道への乗り換えの良さなど世界でトップレベルに便利で、賑わいもあるターミナルビルが実現したのはPFI事業を導入したことの成果と言っていい。

●予想を超えた PFI の波及効果

　こうして見ると、公共事業の改革を念頭にPFI法が成立した1999年から二回目の大型改正が行われた2005年までに、日本の公共事業、公共サービスは極めて大きな変化を遂げたことが分かる。恐らく、PFI法の議論が始まった1997年頃、わずか6年という短い期間に既得権と高コスト構造に塗れていた日本の公共事業、公共サービス

がここまで変わると思っていた人は一人もいなかったのではないか。実際に改革側に加わっていた立場から見ても、何十年間にわたって築かれた権力構造は強大であり脅威であった。旧態の構造を変えることができないと言われがちな日本だが、わずか6年でこれだけの改革を成し得たことにもっと自信を持っていい。ただし、そのためには改革を成し得た理由を知っておくことが必要だ。

一つ目は、旧来の権力構造が弱っていたことだ。日本では長らく公共事業関連の政治、行政、業界が強い結び付きを持っていたが、1990年代前半のバブル経済の崩壊、1990年代末の金融危機によって権力構造を支えてきた財政基盤が揺らぎつつあった。財政基盤の揺らぎは権力構造への結束力も弱めていった。

二つ目は、旧来構造の変革を多くの人が求めていたことだ。バブル経済崩壊後、公共事業、行政分野で多くの不祥事が国民の目に晒されることになった。国の財政が悪化する中で、先進国としては突出した規模の公共事業の改革を求める声も高まった。結果として、公共工事に関わる権力構造の変革を求める声が大きくなった。

三つ目は、正しい方法論を用いたことだ。PFIは性能発注、設計から運営までの包括契約、長期間の契約、民間資金の活用から構成される。性能発注は技術的な知識の劣る公共側が詳細仕様を決めるという矛盾を是正し、包括かつ長期の契約は民間の創意工夫と学習効果を高め、公共側の調達負担を減らした。また、日本のPFIでは民間資金のシェアが必ずしも多くなかったが、民間金融機関が関わることは、公共事業、公共サービスのモラルの向上に貢献した。イギリスやそれに先立つBOT事業などで実証された理論がPFIを成功に導いたと言える。

四つ目は、情熱のある人同士が結ばれたことだ。公共事業の改革では改革派の省庁職員、政治家、学識経験者、コンサルタント、業界関係者の活躍が注目されがちだ。これらの人達の活躍無しに改革が実現

することがなかったのは確かだ。しかし、改革の実態を振り返ると、これ以外にも重要な役割を担った人達がいる。一つは、自治体などで調達を担った担当部署の人達だ。改革の必要性は分かっていても、それまでの分厚い仕様発注の仕様書を捨て、性能発注の要求水準書を使うのは大変勇気の要ることだったはずだ。100億円単位の事業で、民間事業者が入札に応じない、民間事業者の選定が上手くいかない、思ったような施設ができない、契約交渉がこじれるなどのリスクが容易に想定できたからだ。もう一つは、改革されるべき組織やセクターの中の改革派の人達だ。1980年代の国鉄などの民営化でも、改革の対象となった組織の中の改革派の人達が活躍した。

　以上のような要素が合わさったからこそ、数年間で既得権構造が深く根付いた公共事業を改革することができたのである。公共財政を初め、日本は将来に向け多くの問題を抱えている。いずれそうした問題から逃げることができない日が来るだろうが、過去の成功した改革の経緯を知っておくことは重要だ。

　2005年のPFI法の二回目の大型改正までの経緯は、以下のように二つの期間に分けることができる。

＊第一期　1997年から2001年：肥大化した公共事業の改革期間

PFI法が成立したのは1999年だが、初めて国会に上程されたのは1998年である。また、PFI法の国会上程前からPFIの前哨戦とも言える先行的な事業の検討が始まっていた。こうした事業の検討は日本の公共財政に対する危機感の高まりを背景としているから、大手金融機関が破たんし日本経済に対する危機感が決定的となった1997年を契機と捉えることができる。この時期の先行的なPPP事業の第一の眼目は公共事業の効率化と民間へのリスク移転であった。

＊第二期　2001年から2005年：PPPの付加価値向上期間

　PFI法の成立は公共事業の効率化の流れを定着させると同時に、PFIを免罪符として実施される事業を生むことになった。一方、混沌とした動きの裏で、PFI事業の付加価値を高めるための取り組みが始まっていた。付加価値向上の視点は二つだ。一つは、公共施設が立っていた地区の容積率の余裕や公共側の事務業務の効率化によって生まれた増床余地を活かした民間施設との合築だ。行政改革を背景とした民間投資の後押しである。もう一つは、民間の事業運営能力を活かした住民向け公共サービスの改革だ。公立病院、刑務所、さらには国際ターミナルなど、民間事業者の施設運営能力、経営能力などが求められる事業が次々とPFIの対象となった。PFIの外側でも指定管理者の制度ができ、公の施設の運営管理に民間事業者が進出できるようになった。また、水道法の大型改正、下水道のアウトソーシングのガイドラインなど、個別法でも民間事業者の事業運営に道を拓く動きが出た。公共側でも1999年に独立行政法人関連の法律（独立行政法人通則法）が成立するなど、民間的な視点で自治体の運営を改革しようとする動きが目白押しとなった。

●公共事業改革の課題

　こうして振り返ると、1997年の金融危機から8年程度の期間に、日本の公共事業、公共サービスは歴史的な転換を果たしたことが分かる。公共事業の単価は低下し、民間施設さながらのサービスを提供する公的な施設も増えた。かつて公共事業を牛耳っていた民間側の談合システム、官民の癒着構造は予想以上に縮小した。施設の豪華さや必要以上の品質を競う事業は滅多に見られなくなり、住民向けのサービスの質を重視する事業も増えた。

　一方で弊害もあった。民間事業にとって公共事業の魅力が落ちてしまったように思えることだ。公共事業のコストの低下は、民間事業者

の創意工夫だけでは吸収しきれなかった。一部は民間事業者の収益の低下になった面もある。また、性能発注や包括委託により民間事業者に移転されたリスクも、一部で民間事業者の収益低下や負債につながった。性能発注と言いながら、仕様責任を民間に押し付けつつ、自治体が設計に過剰に口を出すケースも散見された。結果として、民間事業者の撤退が目立った分野もある。公共事業の改革が入札者数の減少につながった面があることは否定できない。

　公共事業の改革が進む中、いかに多くの入札者数があり、落札率がどれだけ下がったかを誇るかのような自治体の首長の声が目立った時期がある。効率的で質の良い公共サービスは、公共側が一方的にメリットを享受する中で実現しない。公共事業、公共サービスの質を支えているのは民間事業者であるから、これらの事業を通じて民間事業者が適切な利益を得て、将来に向けた投資をしようと思わなければ、質を維持することはできない。民間事業者がモチベーションを失えば、いずれは効率性も下がることになる。発注側と受託側の共存共栄が市場が栄える（サービスの効率性と品質が向上する）ための条件であることは公共事業、公共サービスでも変わらない。

　公共サービスの技術革新についても懸念はある。良い悪いは別にして、改革前の公共事業は技術革新を牽引してきた。産官学で技術的な課題を掲げて、当該課題を解決する新技術にターゲットを定めると、各分野を代表する企業が当該技術を開発し、公共側が当該技術を前提とした予算を組み、技術を開発した企業が受注するという流れだ。こうした流れが日本のインフラの品質を高めてきたことは評価されてもいいが、新しい技術を採用する際のコストやリスクを公共側が負ってきたことになる。民間企業の技術力や資金力が十分でない時代には、公共側がリスクを取って技術開発を牽引し、開発された技術を市場に普及させるという手法を取ることは正しかった。しかし、現在のように、多くの分野で民間企業の技術力が公共側を上回り、世界的に見て

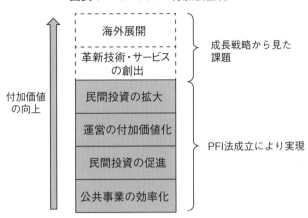

図表1−4　PFIの付加価値化

も十分な資金力を持つようになった時代には効率的な方法と言えない。

　性能発注は公共主導の技術開発の枠組みを転換し、公共事業が市場の技術開発を牽引する機能は低下した。時代背景から考えて流れとしては正しいのだが、公共主導に代わる技術開発の仕組みは不十分なものとなった。民間の技術力が公共側を上回った時代に取るべきなのは、技術開発と普及に関する官民の役割を入れ替える政策だ。即ち、民間が独自ないしは他分野で開発した技術を公共側で積極的に取り入れることだ。総合評価や契約交渉が普及したといっても、日本のPPPにはまだまだ民間事業者の革新技術を取り入れるための仕組みが不足している。

　こうした市場の課題を放置すると公共事業や公共サービスの市場にレベルの高い企業、レベルの高い人材が参加しなくなる。(図表1−4)

●付加価値向上の停滞

　1997年の金融危機後、1999年のPFI法成立、2001年、2005年の大型の法改正を経て、日本のPPPは付加価値を高めてきたが、2000

年代の後半になると、しばらくの間、付加価値の高い事業が少なくなる。市場の中心となっていたのは施設の建設、維持管理を主たる業務とする事業だ。付加価値の高い事業が減った理由はいくつか考えられる。

　一つは、付加価値のある案件が少なくなったことだ。公立病院ではPFI事業の先鞭を切った高知県・高知市、近江八幡市の事業が契約破棄となった。契約金額が大きく、業務の幅が広く、民間の経営能力が求められる事業として期待された公立病院のPFI事業だったが、先行事業がとん挫したことで市場にブレーキがかかった。チャレンジングな事業であるから経験を積み重ねる必要があったし、現に先行事業の反省を取り入れた東京都多摩広域基幹病院及び小児総合医療センター（仮称）は成果を上げたのだが、日本の自治体の実績主義と横並び指向が公立病院のPFI事業の流れを減速させた。その後も福岡市新病院整備運営事業などが実施されたが案件数は減った。その代わりに指定管理者による病院事業が増えた。刑務所の事業も付加価値は高かったが、病院に比べると案件数が少ない。後に空港ではコンセッションが普及するが、羽田空港のようなターミナルを新設する事業はない。官民の合築事業も霞ヶ関の合同庁舎7号館のような規模、立地に恵まれた事業は霞ヶ関の再開発でもしない限り出てこない。

　もう一つ、直接の関係があるとは言い切れないが、政治的な影響も考えられる。構造改革を前面に出した小泉政権が2006年に終了すると、日本は毎年総理大臣が代わるという政治的に不安定な時代に入る。小泉政権時代の改革路線に反発する勢力も現れ、「改革なくして成長なし」の掛け声は聞かれなくなった。GDPで中国に抜かれるのが目前となったのもこの時期だ。政治が安定さと自信を失い、経済が委縮する中で自治体などが付加価値のある事業にチャレンジしようという意識が低下した可能性がある。

② 発展する日本のPPP・PFI

●政権転換後の大改正

結果論かもしれないが、停滞感のある市場のムードが変わったのは、2009年の自民党から民主党への政権交代の後だ。2011年の改正はPFI法の歴史の中でも最も大きな改正となったからだ。法文の量が倍増するほどの大型改正だ。経済的に見ると、2008年のリーマンショック以降の経済の低迷や国際経済における中国の急速な台頭などによる危機感が背景にある。

この時の改正では、まず、公共施設等の対象に「船舶、航空機等の輸送施設及び人工衛星」が加えられた。技術の発達により国民の生活を支える社会インフラの中で、不動産以外の資産の重要性が増してきたことを捉えた改正と言える。これを受けて、法改正の翌年2012年に、総務省による準天頂衛星システムの運用等事業が立ち上がった。

次のポイントは、民間提案制度だ。PFIに限らず、公的な事業は公共側が事業を企画し、事業範囲や仕様を策定するのが基本だ。公共サービスのあり方については、今でも公共側が民間より高い知見を持っていると考えられるので、必ずしも不合理なプロセスとは言えない。しかし、こうした仕組みが保守的な事業範囲や事業方式、既得権の保護、縦割り、革新技術の取り込みの遅れなどの原因になったことは否めない。そこで、民間に事業の発案を委ねることで、一層付加価値の高い事業が生まれることを期待した制度といえる。

そして、最も大きな改正のポイントは公共施設等運営権、いわゆるコンセッションに関する規定が加えられたことだ。コンセッションの導入は、これまで公共側が抱えていた事業の権利を民間に委ねて既存の公共資産の有効活用や価値の向上を図るという公共サービスの大きな方向転換となった。2001年の改正では公共用地に民間投資を呼び

50

込むための制度が取り入れられ、2005年の改正では公共資産の有効
活用の視点が盛り込まれ、運営権を設定することでこれらを一体的に
実行できるようになった。また、後述するように、運営権が資産とし
て認められたことも、事業の参加者や資金調達の仕組みを変えた。

● PPPの流れを変えたコンセッション

　コンセッションは日本のPPPに新しい流れを作った。これまでの
PPP事業は、自治体が手掛けていた事業に関わる業務を受託し、効
率化によってコストを削減し利益を得るというPFI法成立当初の枠
組みから抜け出せないでいた。自治体は議会や市民にどれだけの
VfM（Value for Money）が出たかを説明しなくてはならないから、
民間事業者が達成した効率化の成果の配分が官寄りになりがちだ。事
業のコストが下がることは自治体や住民にとって良いことだが、民間
事業者から見れば市場が縮小していることになる。努力して効率化す
ればするほど自らが生きている市場が縮小するという矛盾がそこには
ある。それでも創意工夫で利益を生み出せるという指摘は事業の現場
を知らない机上論だ。

　コンセッションにも、公共側からの業務の委託という側面はある。
しかし、従来の委託型の事業に比べて、民間施設より余裕を持って作
られた公共施設の運営の権利を行使して収益を拡大するという意識は
はるかに強くなる。公共側としてはこれまで当該施設を運営するため
にかかっていた財政負担やリスクが減れば説明がつく訳だから、民間
事業者は自らの努力を市場の成長に向けることができる。元々、有効
に使われていなかった施設を最大限活用して収入を拡大するのだから
損をする人はどこにもいない。こうしたポジティブシンキングがコン
セッションにはある。

　コンセッションの制度ができて、官民がまず注目したのは空港事業
だ。海外からの旅行客の急増で新規路線を開拓する可能性が拡大した

ことによる事業の成長に加え、ターミナル内での買い物による収入増の可能性も大きい。海外で民営化ないしはコンセッション化された事業では、ターミナル内での収益事業が大幅に拡大した。滞在時間が長い上、旅行費を懐に入れた旅行客を相手にした販売は一般の商業施設に比べて効率が高い。

　空港コンセッションの先陣を切ったのは2014年に立ち上がった仙台空港特定運営事業と関西国際空港及び大阪国際空港特定運営事業だ。多くの地方空港が羽田便に依存する中、新幹線で2時間程度にある仙台の空港の需要は十分と言えなかった。コンセッションによって新規路線が開拓されれば空港運営だけでなく、地域経済にもメリットがある。関西国際空港及び大阪空港（伊丹空港）特定空港運営事業は45年間の事業権の価格が2兆円を超えるという文字通り桁違いな規模の事業だ。事業規模が大きいと言われた公立病院のPFI事業の10倍もの規模だ。空港のコンセッション事業は、その後、高松空港、神戸空港、福岡空港、富士山静岡空港、千歳空港と続く。雪崩を打ったような空港事業のコンセッション化だ。

　空港に続いたのは有料道路の事業だ。2015年に愛知県有料道路運営等事業が立ち上がった。高速道路は民営化によりサービスのレベルが劇的に変わり、サービスエリアは高速道路利用客にとって便利で快適な場所となり、高路側道路運営事業者にとっては重要な収益源となった。有料道路のコンセッション事業でも同様の効果が期待できる上、周辺の開発事業も底上げされるはずだ。

　上下水道事業でもコンセッションが始まった。海外では水道事業のコンセッションが普及している。しかし、日本でのコンセッションには課題もあった。上水道については、水道料金が過小で水道管の更新が長期化しているという問題を抱える。下水道については、キャッシュフローの中で利用料金の占める割合が低いという課題がある。そうした懸念を払拭し、2015年に浜松市公共下水道終末処理場運営事

業が立ち上がった。上水道でも立ち上げに向けた検討が進む。こうした課題があっても事業が立ち上がるのは、公共側が将来に向けた事業の維持に危機意識があり、民間側が公共資産の価値を高める事業に可能性を感じているからだ。

●民間支援の制度整備

2011年の改正では、PFI事業の円滑かつ効率的な推進を図るために、国や地方自治体が職員などの人的派遣に配慮するよう努めることとされた。一般論として、民間事業者が経営ノウハウを持っているといっても、経験の無い施設の運営にすぐに上手く対応できる訳ではない。民間事業者が経験のない事業の運営をPPP事業とするためには、自治体から民間事業者にノウハウを移転する期間が必要になる。PFI市場立ち上がり当初の公立病院や斎場などのPFI事業では、こうしたプロセスがないことが官民双方のストレスを生んだ。契約当初は経験の無さから公共側の不評を買ったが、ある程度経験すると民間事業者ならではの効率化等の成果を出して再評価されたというケースが少なからずある。公共側からの人材が派遣があれば、こうしたストレスの時期を乗り越えやすくなる。

この時の改正でもう一つ注目されるのは、内閣総理大臣を会長とする民間資金等活用事業推進会議が設置されたことだ。同会議は基本方針の案の作成や関係行政機関相互の調整を担うことになった。これまで学識経験者からなるPFI推進委員会が最も高位の検討機関だったところに、さらに高位の検討、意思決定機関ができたとの感がある。政策の意思決定を官僚主導から政治主導に戻すことが重視されていた時代の反映ということもできる。

2011年に続く大型の改正が行われたのは2013年だ。この時の目玉は株式会社民間資金等活用事業推進機構が設置されたことだ。政府が

過半の株式を持つことを定められた機関であり、PFI事業者への出資や資金の貸付、支援を行うことを目的としている。前回の改正で民間資金等活用事業推進会議が設置されたことと合わせて考えると、民間主導を旨としてきたPFI事業への官の関与が強まったようにも見える。しかし、一般のPFI事業と文字通り桁違いの資金を要するコンセッション事業を普及させるためには一定の意義のある政策と考えることもできる。実際、2013年の改正以降にコンセッション事業の立ち上がりが勢いを増している。コンセッション事業が普及して実績を積み上げれば民間金融機関も資金を提供し易くなるので、国主導の金融機関が運営リスクのある市場の立ち上がりに貢献する可能性がある。

以上から、2005年のPFI法の二回目の大型改正以降の経緯は、次の二つの期間に分けることができる。

＊第三期　2006年から2011年：付加価値の停滞期間

第二期までに次々と誕生したような付加価値の高い事業が減少した。背景には政治的な停滞もあると考えられるが、官の仕事を民に委託する、という枠組みによる付加価値向上が一段落した時期と捉えることもできる。2009年からはリーマンショックによる経済面の停滞も始まる。

＊第四期　2011年〜：民間主導による事業価値向上期間

2011年の大型改正によるコンセッションの導入は日本のPPPの流れを大きく変えた。民間が投じるリスクとリターンのスケールはそれまでの期間をはるかに凌ぐようになり、本格的なプライベートマネーが投じられるようになった。民間提案制度もPPPのプロセスを変革する可能性がある。経済的に見ると、リーマンショックによる経済の落ち込みや中国の躍進等による国際経済における日本の地位の低下、

政治的に見ると 2009 年の政権交代がある。

　一方で、国による資金支援、人的支援の枠組みも作られた。日本の PPP は今後どのような方向に舵を切るかが問われる時代に入った。

● 1980年代の改革を振り返る

　ここまで 1999 年の PFI 法成立前夜から 20 年弱の間の日本の PPP の流れを PFI 法の改正内容を中心に述べてきた。しかし、日本の PPP にはもう一つの歴史がある。国鉄民営化などからなる 1980 年代の、いわゆる中曽根改革の頃の動きだ。

　官主導の市場を民間活力で活性化する代表的な手段として民営化が評価されることが多い。しかし、世界中の事例を見ると、民営化の成功率は必ずしも高くない。民間による事業が上手くいかず、結局国などにバトンを譲った例も少なくない。その意味で言うと、1980 年代から始まった日本の民営化は世界的にも見ても高く評価されるべき成功例と言える。

　国鉄の民営化は、最終的に巨額の債務を返済することはできず、地方路線の廃止が地方部の衰退の原因になったとの指摘もあるが、鉄道事業のサービスレベルは飛躍的に改善された。利用者にとって国鉄時代とは比べものにならないくらい快適に鉄道を利用できるようになった。また、首都圏では私鉄や地下鉄との連結がよくなって利便性が向上し、駅周辺や駅中の開発が進み、賑わいが生まれ、経済的にも大きな効果があった。

　電電公社の民営化は、日本の通信環境の革新に大きく貢献した。出張などで各国を旅すると日本の通信環境が世界トップレベルであることを実感する。コスト面で見ても日本の情報通信インフラの利用料は世界的に見て必ずしも高いとは言えない。スマートフォンでは出遅れた感もあるが、i モードは日本独自のサービスとなった。豊富なサービスメニューは民営化とその後の競争環境の賜物だ。

第 1 章　日本版 PFI・PPP の歴史に学ぶ新たな官民協働事業のあり方　*55*

専売公社の民営化で誕生したJTは海外展開などで日本の食品産業を牽引する存在となった。煙草の需要の減少を考えると、民営化されていなかったら、公社の経営は苦しくなっていたかもしれない。

サッチャー政権下でのイギリスの構造改革は、1990年前半の国営企業の民営化、1980年代中盤の公共サービスのアウトソーシング、1980年代後半のエージェンシー化、1990年代初頭のPFIという流れで進められた。国鉄再建法が成立したのは1980年、国鉄改革関連8法が成立したのは1986年だから、日本の構造改革はイギリスより若干遅れる程度のペースで始まった。両国を比較すると、構造改革第一弾の民営化については本家イギリス以上の成果を上げたと言うこともできる。

しかし、民営化に続く改革では両国の明暗が分かれる。上述したように、イギリスでは改革が着々と進んだのに対して、日本では民営化に次ぐ改革が進まなかったからだ。

●第三セクターの破綻理由

民営化と並行して登場したのが第三セクターを前提とした事業だ。1986年に制定された民活法（民間事業者の能力の活用による特定施設の整備の促進に関する臨時措置法）は、国が定めた特定の施設を官民協働で整備する事業だ。続く1987年にはリゾート法（総合保養地域整備法）が制定された。これらの法律は行政改革とは反対に、官の役割を広げる方向に事業が展開されるリスクを含む内容になっている。法律の制定後、数多くの第三セクターが設立され、その後の何十兆円という負債につながった。

日本の構造改革が民営化で止まってしまった背景には、イギリスのような改革のグランドデザインがなかった、民営化で相当なエネルギーを消費してしまった等の理由もあるが、経済的な理由もある。1980年代後半から始まったバブル経済で、日本が改革の必要性を感

じなくなってしまったからだ。ただし、民活法、リゾート法がバブル経済の影響を受けて制定されたとは必ずしも言えない。法律が制定されたのは、一応バブル経済下だが、社会がバブル経済を実感したのはもう少し後だし、法律が発意されたのはもう少し前だからだ。時期的に考えると、むしろ1985年のプラザ合意後の円高不況に対応するための景気浮揚策の一つと考えることができる。

　第三セクターの失敗理由については既に多くの指摘がなされているので、ここでは詳しくは触れない。ただし、事業構造から見ると、いくつかの指摘ができる。

　一つ目は、収益目標が低かったことだ。PFIではIRR（Internal Return Ratio；内部収益率）を一定レベル以上にすることが求められる。例えば、エクイティベースのIRRで10％、全調達資金ベースのIRRで7％達成するためには、一般企業と比べても高い収益率を確保しなくてはならない。IRRによる評価が公共側でも認められるようになったことは事業の収益性を高めることにつながった。一方、民活法時代の収益計画で検討されていたのは、一定期間内に単年度黒字を達成し、累積赤字を解消することだ。投下した資金に対する利回りという発想はなかった。当時の収益計画をIRRで評価したら、今なら誰も相手にしない低い収益率になっているはずだ。収益率の低い事業は、ちょっとした事業環境の変化でたやすく赤字に転落する。

　二つ目は、投資計画が甘かったことだ。リゾート法の時代に作られ、事業が悪化した集客施設に共通しているのは、開業当初は相当な集客がありながら3年程度すると来訪者が急激に減ったことだ。優良な集客施設の経営者は、「こうした状況に陥るのは当然」と言う。開業した当初からリピーター確保のための投資を計画するのが集客施設経営の常道だからだ。リゾート法時代のテーマパークなどにはこうした発想が欠けていた。前項と合わせると、投資した資金を何の波風もない事業環境の下で回収できるかどうかを確認していたのが当時の収

図表１－５　PFIと第三セクターの比較

項目	PFI	第三セクター
官民の役割分担	明確	曖昧
事業者の選定方法	入札による	随意
法律の理念	民間主導を明記	施設整備指向
財務評価	投資財務による	リスク評価等不足
契約構造	多様かつ専門的	簡素で不十分
官の関与	民間主導を指向	官の支配力大
事業の対象	多様かつ柔軟	法律により限定

益計画であった。

　三つ目は、契約構造が稚拙だった。当時の第三セクターでは施設費が過大になった事例が多い。一つの理由は、施設を作る会社が運営会社にマイナー出資して発言権を得て、競争の無い状態で施設が発注されたことだ。設備リスクを事業会社が負った例もある。いずれも、PFIでは常識的な、施設等の発注モラルやリスク移転の契約構造がなかったことが大きな原因である。

　四つ目は、資金調達構造が歪だったことだ。当時の第三セクターには過小資本の事業が多い。多額の投資を要する事業では、スポンサーが一定の出資リスクを取ることが融資の条件になるのが普通だ。しかし、当時の事業では、公的な関与があったこと、奉加張方式と言われた関係者横並びの資金調達が行われたことなどが金融機関による健全なリスクチェック機能を封殺してしまった。（図表１－５）

●「基本から応用に」がPPPの鉄則

　イギリスのPPPの流れを見ると、投資を伴う事業については、1990年前後から典型的な構造のPFI事業が始まり、その後資金調達や官民の関係をより柔軟にしたPPP事業が実施され、さらに第3章で紹介するBSF、LIFT、LABVのような、官民が一層深く結びつい

た事業へと展開している。イギリスの事業がすべて成功している訳ではないが、こうした経緯から官民協働事業の基本的なプロセスを見て取ることができる。

　官と民という、組織のミッション、運営形態、管理の仕組み、財務構造、社会的な位置づけ等が全く異なる組織が健全に協働するためには、様々な取り決めが必要だ。適切な取り決めの下、上手い形で協働できれば、官だけ、民だけではできない成果を上げることができるが、上手くいかなければ、組織の性格が違う分だけさんざんな結果に終わる。国として官民協働を成功させるためには、合理的な手順を経て、適切な取り決めが機能するための基盤を社会に根付かせなくてはならない。

　性格の全く異なる組織が協働するための取り決めの基本を作るためには、まず、二つの組織の立場を明確に線引きし、役割や責任を定め、協働の基本的な枠組みを作るべきだ。立場を明確にすることで役割や責任が定義し易くなるからだ。具体的には、廃棄物処理のPFI事業のように事業の評価指標が明確な事業で、公共側は業務の委託者、民間側は受託者として明確に位置づけ、契約構造を作り、協働の基本的な枠組みを根付かせる。

　第二段階は、住民向けサービスの事業のように評価指標に定性的な要素が多い、公共側と民間側の業務の依存関係が多い等、安定した業務運営や評価のためには官民の間で、信頼関係、協議体制を構築することが必要な事業に範囲を広げる。

　第三段階は、病院事業のような官と民が別々の組織でありながらも、同じ器の中で役割を分担しながら、住民向けにサービスを提供するような事業を対象にする。

　そして、第四段階で手がけるのが、第三セクターのように官と民が同じ組織を作り、業務運営だけでなく、組織の管理・監督まで一体となって行う事業だ。（図表1－6）

第1章　日本版PFI・PPPの歴史に学ぶ新たな官民協働事業のあり方　*59*

図表１−６ PFIの歴史

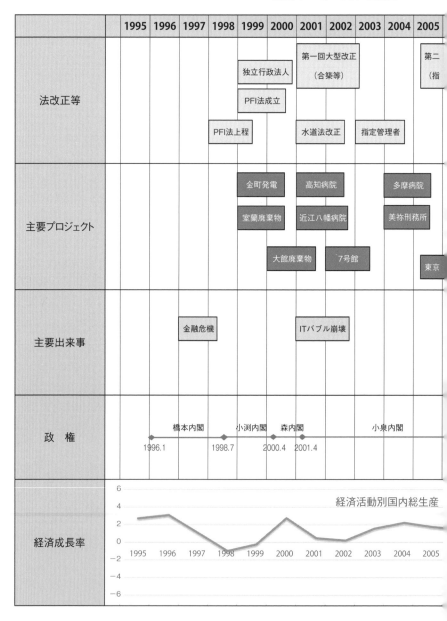

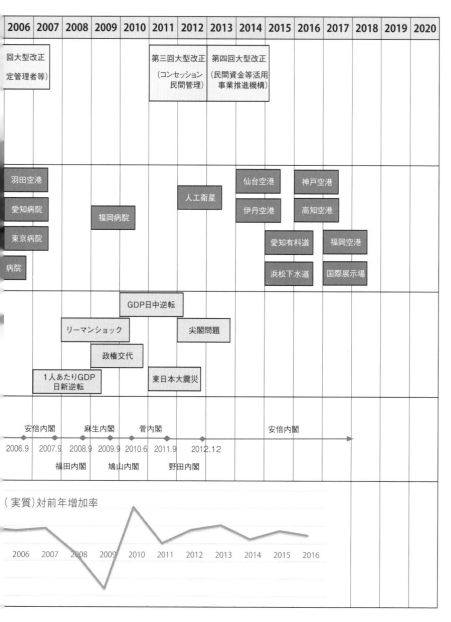

出所：国民経済計算（内閣府公表）より日本総研

第 1 章 日本版 PFI・PPP の歴史に学ぶ新たな官民協働事業のあり方 61

段階が進めば進むほど、理想的に協働できれば、官と民が良いところを出し合い、刺激し合って、高い成果を上げることを期待できる。しかし、官と民の線引きが曖昧になる分、役割が重複したり、責任が曖昧になったり、場合によっては不信感が生まれるリスクが出てくる。そこで、組織運営のルールを作り、運用していくためには、官民双方が先行段階で基礎的な知識を身に着けていることが必要になるのだ。

　イギリスのPPPは、こうした基本に則った経験を積み重ねてきた。それが、国として体系的な知見を蓄積することにつながったのだろう。これに対して、日本の第三セクターは基本的な段階を飛び越して一気に応用問題に取り組んでしまった。今となって振り返ってみれば、応用問題をこなすためには、財務、法務、ガバナンスなどに関する知見があまりにも稚拙だった。バブル経済に煽られてリゾートや都市開発分野の無謀な投資に走ってしまったことが、巨額の負債の最大の原因かもしれないが、事業構造面の知見を積み重ねるためのデザインが欠けていた。

●発展の基盤を築いた金融危機後の日本のPPP

　同じような視点で1990年代末の金融危機以降のPPPの歴史を見ると、第一期では肥大化した公共事業の効率化から出発し、第二期で民間投資と民間の事業運営機会を拡大し、第四期で民間投資による公共資産の価値向上、というプロセスを経ており、概ね上述したPPPの発展の基本に即していると評価できる。公的事業に関する財務、法務、ガバナンスの知見も20年間で格段に進歩し全国的に普及した。日本は一層付加価値の高い官民協働に挑める状態にあると言える。

　懸念があるとしたら、先走りで失敗した事業のトラウマやPFIの過度に狭義の解釈をどのように払拭するか、日本としての公的資金と民間資金の役割分担をどのように定めるかなどである。

上述したように、民活法やリゾート法時代の第三セクターの失敗の一つの理由は、基礎的な知見や経験を積み重ねる前に応用問題に取り組んでしまったことにある。官と民の共同出資による第三セクターで、官と民が自らの特徴を活かせるように役割分担し、緊張感を維持し続けるのは、財務、法務、ガバナンスの面から容易なことではない。サービス購入型、病院事業のような協働型事業の経験があったとしても様々な工夫が必要になる。

　契約破棄となってしまった高知県・高知市、近江八幡市の公立病院PFI事業についても、PFI法制定から2年後の応用問題としてはやや難度が高かったと言えるのかもしれない。一方で、これらの事業の2年後の東京都多摩広域基幹病院及び小児総合医療センター（仮称）が運営面で成果を上げることができた背景には、間違いなく、先行事業で積み重ねられた知見がある。PPPを発展させるには、こうした学習プロセスを重視しなくてはいけない。

　公的資金の位置づけには二つの観点がある。一つは個別事業での国から自治体への財政支援である。所管省庁が、一定の基準を満たした事業に対して補助金を供与し、補助を得た事業に対しては、自治体が発行する地方債の償還に対して地方交付税が充てられるという構造が温存されてきたことで、自治体のPFI事業での民間資金のシェアは限られる。イギリスではこうした財政制度が少ないので調達資金の殆どが民間資金となる。これをもって、日本のPFIもイギリスのように民間資金中心にしていくべきという指摘もあるが公的資金を一元的に否定するのは、上述したPPPの発展プロセスから見ても妥当ではない。また、所管省庁が公共施設の機能を維持、向上させるために補助金制度が果たしてきた役割を評価することも忘れてはならない。

　公的資金のもう一つの観点は投資資金だ。日本には多くの公的投資資金がある。PPPの分野でも2013年に改正で株式会社民間資金等活用事業推進機構が成立された。同改正から、一般のPFI事業に比べ

第1章　日本版PFI・PPPの歴史に学ぶ新たな官民協働事業のあり方　*63*

桁違いの資金が必要となるコンセッション事業が加速してきたことから、公的な投資資金の設立は効果があったと考えられる。

このように公的資金の投入は、二つの観点のいずれについても一定の効果があったが、補助金や地方債は民間資金に比べ、調達が容易で、金利が低く、金融機関の厳しい評価を受けないため、民間資金による事業より施設規模が大きくなる傾向がある。放置すれば、自治体のバランスシートと債務を拡大させるリスクがある。投資資金については、民間のリスク評価を緩める可能性や民間金融機関の事業を圧迫する可能性がある。

日本のPPP市場が健全に成長していくためには、公的資金の機能とリスクを正当に評価した上で、日本としての公的資金と民間資金の役割分担のあり方を考えていかなくてはならない。そのためには多くの分野の知見を取り込んだ、開かれた評価の環境を作っていく必要がある。

以上で述べた日本のPFI、PPPの歴史を踏まえて、第2章では付加価値向上の取り組みの最大の成果である、コンセッションと民間提案型の事業の内容を詳しく見てみよう。

第2章

価値創出型官民協働事業の現状

価値創出型官民協働事業の現状
パートI コンセッション

(1) コンセッションの仕組み

① フランスで数百年以上の歴史を持つコンセッション

コンセッションとは、"収益を得られるサービスを特定のエリアにおいて独占的に実施する権利"を意味する言葉である。官民協働事業における「コンセッション」とは、「公的なサービスを提供し料金を収受する権利を民間事業者に付与することと引き換えに、当該民間事業者に付与された権利に相当する対価を支払わせ、当該権利を行使することによるサービスの維持、向上に必要な投資や運営を行わせること」を指す。

コンセッションが生まれたのは、1500年代のフランスで運河を整備し、その対価として通行料を徴収する権利を個人に与えたのが始まりといわれる。水道分野では、1853年にリヨン市がジェネラル・デゾー（現在のヴェオリア）に対して水道事業のコンセッションを付与したのが始まりとなった。その後、鉄道や道路、廃棄物処理分野等に拡大し、今ではコンセッションはフランス発のPPP手法として各国で導入されている。

一口にコンセッションと言っても、官民の役割分担、特に資本整備のための投資の分担により大きく2つのパターンがある。一つは、民間事業者の投資により施設を整備（一般には新設）し、料金で回収するもので、フルコンセッションということもある。公共料金の徴収権を民間に設定した独立採算型のPFIということもできる。投資額が大きくなることが多く、その分だけコンセッションの期間も長くなる。

もう一つは、既存インフラを対象にコンセッションを設定し、民間

がインフラの機能維持に必要な修繕等を行いながら料金を収受するものである。ただし、機能維持に関する民間事業者の業務範囲は事業により異なる。例えば、街区拡大による新たなインフラの新設・拡張や再投資を民間の義務とする場合もあれば、これらの資本投下は公共の財政負担により実施する場合もある。後者のスキームは、特にフランスの上下水道で「アッフェルマージュ」と呼ばれることもある。既存インフラを対象とするコンセッションの契約期間はフルコンセッションよりは短い10〜20年程度が一般的となっている。

フランスでは多くの事業分野でコンセッションが導入されている。例えば、サッカーワールドカップの決勝が行われたスタッド・ド・フランスの整備運営事業では30年のフルコンセッションが採用された。受託したのはフランスの建設会社のヴァンシグループが設立したSPC（Special Purpose Company; 特別目的会社）である。一般にスポーツ施設は稼働率が低くなりがちであるが、民間企業のマーケティング等により、コンサート等の興行を誘致し収入拡大を図っている。国家イベントのための施設であっても、民間の経営力を活かすのがフランス流である。

コンセッションが最も普及している分野は上下水道である。ほとんどの地域でインフラが整備されているためアッフェルマージュが主流だ。フランスでは、100年以上前からコンセッションが導入されたこともあり世界的な有力企業が存在する。加えて、上下水道事業の提供責任を負う自治体（コミューン）が小規模で、自らサービスを提供するための事業体制を維持するのが困難という事情があるため、件数ベースで6〜7割の自治体がアッフェルマージュにより上下水道サービスを提供していると言われる。

② 日本では2011年度に制度化

我が国では、長らく本格的なコンセッションという概念はなかっ

た。PFI を導入したとしても、一部を除くといわゆるサービス購入型事業であり、ユーザーからの料金収入がある事業でも、収入は公共側が収受し、そこから必要な委託費が払われる方式が主流であった。

　第 1 章で述べたように、2011 年度の PFI 法改正によって、コンセッション、すなわち民間事業者が公共サービスの提供による対価（利用料金）を直接収受して公共サービスを運営する仕組みが制度化された。

　PFI 法で定められたコンセッションのスキームは以下の通りである。

＊対象とする公共施設を運営する権利（運営権という）を事業者に設定（付与）する。

＊この際、公共側は、運営権の設定に際して民間事業者から運営権対価を徴収することができる。これは、公共が所有する公共施設やインフラを使って営業活動を行い収益を得るための権利金と見ることができる。既存の公共施設であれば、利用料金を得るために自治体が投資してきた既存の資産を使うための対価と捉えることができる。

＊運営権を得た事業者は、公共施設を自らの責任と裁量のもと運営（経営）し、利用者から支払われる利用料金を自らの収入として直接収受する。あわせて、対象事業に影響がない範囲で、施設や用地を活用して収益事業等を行うこともできる。

＊公共側は、民間事業者による公共サービスの提供と資産の維持管理状況をモニタリングする。民間から徴収した運営権対価を、対象事業の範囲に限らない新たなインフラ投資の財源や借入金の返済に回し、財務体質の改善を図ることもできる。

　PFI 法改正の要点は、民間事業者に料金徴収の権利を付与したことと、運営権を物権として位置づけたことである。物権とすることで、

図表2－1　コンセッションの概念

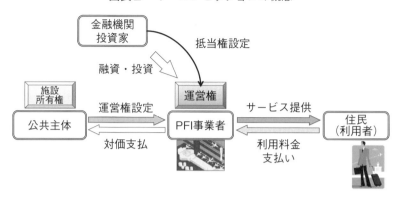

（出所）　内閣府PFI推進室資料

民間事業者は運営権を担保とした資金調達が可能となった。これにより多額の運営権対価が必要となる大規模な事業にも民間事業者が参画できるようになった。近年の低金利下では、年金資金など大規模な資金を運用する機関の運用先としてインフラファイナンスが注目されており、コンセッションはその受け皿としても期待されている。（図表2－1）

③　利用料金制（指定管理者制度）ではできなかった「資本投資」の自由裁量を付与

コンセッションが制度化される以前にも、民間事業者に料金徴収の権利を付与した制度がある。公の施設を対象とした指定管理者制度における「利用料金制」である。

公の施設とは、住民の福祉に供するために自治体が整備する施設であり、図書館や美術館等の教育施設、各種体育施設、上下水道、集客施設、宿泊施設等が該当する。これらの施設は、従前民間事業者に管理を委託することができなかったが、2001年に指定管理者制度が制定され、民間を含む第三者に管理を委ねることができるようになっ

た。「委託型」と「利用料金制」があり、利用料金制ではユーザーが支払う利用料金を指定管理者が直接収受することができる。

このように、利用料金を民間事業者が直接収受する仕組みは指定管理者制度により可能となっていた。コンセッションと運営権制度の違いは、管理を行う民間事業者が運営権を物権として設定できることと、資本投資に関与できることにある。

指定管理者制度はあくまで公の施設を管理する権限を委任するものであり、指定管理者が施設の更新投資等を行うことは想定されていない。指定の期間も一般的に3〜5年程度と短いため、収入拡大の努力にも限界があり、利用者のニーズに合わせて施設をリニューアルすることもできない。フランスから普及したコンセッションと比べると、民間の責任と裁量ははるかに小さく、施設やインフラの維持を公共側が負担することを前提に過渡的に管理を任せたのが指定管理者ということができる。

コンセッションでは、民間事業者は長期的な投資も含めて事業を運営しなくてはならない。市場動向を見て長期的な視点から投資の内容や優先順位を自らの責任と裁量で決める。こうして長期間にわたり事業を運営するからこそ、インフラを適切に維持するための投資やサー

図表２−２　コンセッションと指定管理者の違い

	コンセッション	指定管理者
民間の業務範囲	運営、維持管理＋資本投資	運営、維持管理
事業期間	長期（20〜50年程度）	3〜5年
資金調達	物権設定により可能	考慮されていない

高い経営の自由度　　　　　今ある施設での運営の工夫
収入向上余地の拡大　　　　収入向上余地は限定的

ビス、業務の大胆な見直しを行うインセンティブが生まれる。料金徴収と管理の権限を付与するだけの指定管理者に比べて、民間の経営の自由度が各段に高いのがコンセッションなのである。（図表2－2）

④　バランスシート改革とVfMがコンセッションの狙い

　公共側がコンセッションの意義としてまず考えるべきなのはバランスシートの改革である。コンセッションを導入すると、民間企業が運営権を裏付けに自らのリスクで資金を調達し必要な投資資金を確保する。その分だけ、起債等による資金調達の必要がなくなりバランスシートがスリム化する。

　一方、コンセッションを導入して民間のバランスシートに負債を移行できても、公共側は料金収入の全部または一部を失うことになる。民間が同じコストで同じ水準のサービスしか提供できなければ、自治体が民間より有利な資金調達ができる分だけ割高なサービスとなり、受益者となる地域住民にはメリットがない。

　そこで重要になるのが、民間の経営力、技術力等を活かして、事業内容・運営方法を大胆に見直し、事業の効率性と質の格段の向上を目指すことである。コンセッションの対象は、水道、下水道、空港、文教施設等の利用料金が得られる公共施設であり国や自治体が長年運営してきた実績を持つ。安定した事業運営で社会の基盤を維持してきたことは多としつつも、いわゆる「お役所仕事」化し、漫然と同じことを繰り返してきた面があることも否定できない。そうでなくても、資産を有効活用しようという意識のある自治体は稀だ。

　コンセッションにより民間に経営を委ねると、空港や文教施設のような事業であれば、事業収入を増やすために、サービス内容、マーケティング、料金体系を抜本的に見直す。そこで民間事業者の事業基盤や技術、ノウハウを活かすことができれば、個別の自治体の努力に頼る従前の事業に比べて収入改善の可能性は格段に大きくなる。

上下水道等の基礎インフラ、道路や空港滑走路のような高い安全性が求められる分野には、コストに関する保守的な考え方が根強く残っている。しかし、深刻な財政状況の下、少子高齢化で労働力不足も強まる中、従前の慣習に縛られた事業運営を継続することはできない。今後は、IoT を活用したメンテナンスシステムや自動化技術等の導入、複数事業の統合的な運営などが不可欠になる。そのためには、公共側がやってきた業務仕様や業務プロセスをゼロベースで見直し、必要性の低い業務を合理化していくことが前提となる。今後、インフラは老朽化による大量更新の時代を迎える。得られる収入・地域の負担力を見据えながら、計画的な更新計画を立案、実行していかないと維持すらできなくなる。民間の経営ノウハウや技術力による経営のイノベーションは待った無しだ。

　コンセッション事業では、民間事業者は、収益構造の抜本的な見直しを図るため、事業開始当初に思い切ったリストラ資金を投じる。予算制度に縛られた自治体にはできない機動的な資金投入が継続的な運営改善を可能にする。大胆な改革こそ公共側の VfM と民間側の収益を両立する鍵である。

⑤　新たな産業創出の可能性

　コンセッションの効果は対象事業の改革に留まらない。インフラのコンセッションで特に重要となるのが周辺事業の開発である。空港や道路の事業であれば、新たな移動ニーズを生み出すことで需要を喚起する。具体的にはインフラの周辺に、ショッピングセンターやホテル等の整備、観光ルートの開発等を行うことで移動需要を増やすことができる。需要を増やすことに成功すれば、料金収入が増えるだけでなく、利用者を対象とした商業収入も期待できる。概して公共資産の用地は余裕があるので遊休スペースで新たな収益事業を行い易い。周辺地域の活性化も期待できる。インフラ運営と開発事業が相乗効果を発

揮することが前提だが、一定のポテンシャルがあれば民間は開発投資を行うはずだ。

2020年のオリンピックを前に、スポーツ施設のコンセッションも検討されている。最近では新しい広島市民球場（通称マツダ ズーム・ズーム スタジアムひろしま）が広島球団を指定管理者とすることで興行面での成功を収めている。スポーツ観戦と飲食・物販の効果的な組み合わせ、ファミリーボックス等多様なニーズを取り込むサービスやそれに合わせた料金体系、ファンサービス等、総合的なプロデュースがビジネスとして成功している理由だ。

成功事例に触発され、他の施設でも収益向上のアイディアが検討されている。興行がない時には、コンサート等の大規模イベント開催の他にも、健康関連の地域イベントの企画・実施等が考えられる。そうなれば、スポーツを中心としたエンタテイメント、物販、健康づくりなどが一体の産業として立ち上がることになる。公共のスポーツ施設でのコンセッションが一体感のある地域の産業の立ち上げに寄与する可能性を示唆している。

インフラの管理運営も付加価値の高い産業に生まれ変わる可能性を秘めている。上下水道を合計した料金収入は6兆円にもなる。市場としての潜在性が高いが、いまだに公共直営や仕様発注に近い委託が多く市場として未成熟な状況にある。コンセッションが広がれば、新技術やオペレーションシステムへの投資が進み、マネジメントノウハウも蓄積され、産業として発展する基盤が形成される。コンセッション先進国のフランスではヴェオリアとスエズが世界に冠たる水メジャーとして兆円単位の事業を展開している。

今後、日本は人口減少局面で更新投資を行う等、世界で経験したことのないインフラの課題にいち早く取り組まざるを得ない。ここで次世代の産業としての基盤を形成すれば、他国の企業には無い知見を手に世界に展開することもできる。人口減少、高齢化、公的債務の積み

上がりという課題を先取りしている日本だからこそ、コンセッションによりインフラの運営を核とした産業が萌芽する可能性がある。成熟した国内市場を基盤に世界に展開し得る稀なる戦略的な産業資源と言ってもいい。

　コンセッションのもう一つの重要な意義は金融面の効果である。コンセッション事業では、民間が資金を投じてインフラの更新投資を行い、料金収入を原資として資金を回収していく。公共サービスであるから、不動産開発のような高いリターンは期待できないが、需要の継続性が高く、料金単価が安定しているため投資回収リスクが相対的に低い。また、事業者評価の段階で、事業の安定性が評価されるため、過度に収益性の低い提案は採択されない構造がある。収益を底上げするための付帯事業に一定のリスクはあるものの、インフラ事業のリスクと合わせて考えれば、ミドルリスク・ミドルリターンの投資対象と言っていい。調達資金の中には様々なリスク・リターンの資金が投入されるためセカンダリーマーケットも期待できる。

　日本では国債の超低金利状態が続き、金融機関は有力な運用先を探している。かと言って、商業銀行や地方銀行が過度にリスクの高い運用先に資金を投じるのも難しい。PFIにも金融機関にとって魅力ある運用先となる期待があるが、自治体への財政支援制度があり民間金融の活躍の場は限定的だ。コンセッションには、公的市場における本格的な投資先となる可能性がある。

（2）コンセッションの推進状況と課題

① 異例の"件数目標"によるコンセッションの推進

　コンセッションを含むPFI法の改正が行われたのは民主党政権下だが、その後の自民党政権でもコンセッションを推進する方針は引き継がれた。2013年6月の第2次安倍政権最初の「日本再興戦略」において、コンセッション方式は民間の投資及び主体的な運営を通じて創意工夫・シナジー（相乗効果）を引き出し、サービスの質のさらなる向上と公的負担の軽減が可能な手法として、推進する方向性が明確に打ち出された。

　2014年6月には、コンセッションを成長戦略の一つとして推進するため、2016年度末までをコンセッション推進のための「集中強化期間」とするアクションプランが打ち出された。集中強化期間に関係省庁が積極的な政策手段を投じることで、事業規模にして2兆円〜3兆円、分野ごとの目標件数にして、空港・上水道・下水道で各6件、有料道路で1件の事業を実現することが定められた。成長戦略の中でも、分野と事業件数が定められるのは異例のことである。

　集中強化期間中、関係省庁は多面的な取り組みを実施してきた。空港、下水道、有料道路を所管する国土交通省は、2013年度の成長戦略より一足先に成立した、いわゆる「民活空港運営法」（民間の能力を活用した国管理空港等の運営等に関する法律）に基づき、28の国管理空港のコンセッションの検討に着手した。立地自治体による検討を補助金で支援する等、地域の合意形成も支援した。国が管理する空港以外についても、自治体が経営する約60の地方管理空港へのコンセッション導入の検討についても支援することとした。具体的には、コンセッションのメリットの普及のための啓発や、事業化のための費用を補助する等を実施している。その結果、訪日客の増加という後押しもあるが、集中強化期間中に9件の事業化と、目標を超過達成した。

有料道路については、愛知県でコンセッションが実現した。有料道路の運営は、道路整備特別措置法により自治体や地方道路公社に限られていたが、愛知県は2012年から構造改革特区制度を活用した規制緩和を国に要望し、2015年の法改正により民間事業者が有料道路を運営する道が開かれた。愛知県は保有する8つの路線全てをパッケージで運営する事業者を募集し、2016年10月から運営権者による運営が開始されている。これで有料道路の目標件数1件は達成されたが、自治体の管理する有料道路は全国に50か所程度あり、事業化件数の積み上げが期待される。

② 苦戦する上下水道分野

　一方で件数が伸びないのが上下水道分野である。上水道は6件の目標に対して、事業化が決定したものは現時点で0件、デューディリ

図表２－３　分野別のコンセッション目標件数と事業化の状況（2017年5月時点）

目標設定	分野	目標件数	2017年5月時点の事業化案件（※）
H26	空港	6件（～H28年度まで）	但馬空港、仙台空港、関空・伊丹空港 高松空港、神戸空港、静岡空港 福岡空港、北海道内複数空港 熊本空港、広島空港
	道路	1件（～H28年度まで）	愛知県有料道路
	上水道	6件（～H28年度を30年度までに延期）	大阪市、奈良市、浜松市、 伊豆の国市、宮城県
	下水道	6件（～H28年度を29年度までに延期）	浜松市、奈良市、三浦市 須崎市、宇部市
H28	文教施設	3件（～H30年度まで）	－
	公営住宅	3件（～H30年度まで）	－
H29	クルーズ船向け旅客ターミナル	3件（～H31年度まで）	－
	MICE施設	6件（～H31年度まで）	－

※事業化案件にはデューディリジェンス着手まで進んだものを含む

（出所）内閣府 PFI 推進室資料

ジェンス（資産調査）に着手したり、導入を前提とした検討を進めているものが5件と目標未達に終わった。下水道は6件の目標に対して、事業者選定が行われたものが1件、その他検討中が4件、合計5件と、こちらも目標未達である。（図表2－3）

　上下水道分野でも、空港や道路と同様に、政府はコンセッションを導入するための取り組みを行ってきた。上水道事業であれば、水道事業を所管する厚生労働省がコンセッションに関するガイドラインを作成し、他のPPP手法との違いや導入に際しての留意事項等を公表している。自治体の案件形成を後押しするため、導入可能性調査の補助、その前段階での官民連携事業を検討する自治体への専門家派遣等も行った。全国複数個所で自治体と事業者のマッチングのための官民連携協議会を開催し、政府から首長に対するトップセールス等も行っている。

　上下水道分野で空港のようにコンセッションが進まないのは法制度の問題が大きい。空港はコンセッションを実施するために民活空港運営法が制定され、公共側が施設を所有したまま運営を民間に委ねることが可能となった。水道法では、施設の所有と運営を分けることは想定されていない。政府は水道法を改正し、水道事業における運営権の法的根拠を明確にする計画である。水道事業は公営企業により運営されており、コンセッションを導入して運営権対価を取得しても、公営企業の起債の繰上償還等に使えないという問題もある。水道事業では長期・低利の起債が可能となっているが、繰上償還は原則認められておらず、繰上げには違約金が必要になるのだ。これについては運営権対価を原資として繰上償還する場合の違約金を免除するための制度改定が2018年度内に行われる見込みである。

　しかし、制度改定によってすんなりと上水道分野でのコンセッション導入が進むという見方は多くない。大阪市、奈良市は水道コンセッションを実施する方針を議会に上程したが、いずれも否決された。生

活に欠かせない水を民間ビジネスに委ねることへのアレルギーが強く、料金が値上がりするのではといった懸念、災害等の非常時にしっかりとした対応がなされるのかという不安が強いからだ。こうした心理を解消するためには、関係者が納得するような成功事例を生み出すことが何よりの策になる。政府は幅広く自治体に呼び掛けるだけでなく、水道コンセッションにチャレンジする"ファーストペンギン（天敵のいる海に一番始めに飛び込むペンギン）"となる自治体を集中的に支援し、上水道コンセッションへの道を拓こうとしている。

　下水道についても国土交通省が自治体の支援を行っている。こちらは上水道事業ほどコンセッションへのアレルギーは強くはない。一方で、民間から見た事業性の問題がある。下水道は使用料を徴収しているが、事業費を全て賄える事業は殆どない。総務省によると、使用料で投資回収を含む事業費を賄えている公共下水道事業は22％程度に留まる。小規模事業を中心に、維持管理経費すら賄えていない事業も20％程度存在する。こうした事業は一般会計からの実質的な赤字補填により経営が成り立っているのが現状だ。独立採算でないとコンセッションができない訳ではないが、料金収入を民間に預けた上に、国からの補助金があり、自治体から資金が不足する分について費用を補填するという財務構造が民間の取り組み意欲を萎えさせる可能性がある。

　民間が経営した場合の情報開示にも課題がある。上水道は公営企業会計が適用され、曲がりなりにも資産状況や減価償却の状況が分かる。下水道で公営企業会計を適用している事業は30％程度に留まっており、設備台帳のないところも多い。総務省は経営改革の前提として財務状況を把握することが不可欠として、公営企業会計の適用を求めており、2019年度までに一定規模以上の自治体では公営企業会計が適用されるだろう。

　こうした課題がある中で、浜松市の下水道事業が初のコンセッショ

ン事業として契約締結に至った意義は大きい。下水道分野での意義の
みならず、料金収入だけでは成り立たない公的事業のコンセッション
のモデルが提示されたことになる。

③　文教施設等、公共施設分野への広がり

　政府は、当初インフラ（空港、道路、上下水道）分野で設定してい
た目標件数を、インフラ以外の分野にも拡大している。具体的には、
2016 年度に文教施設と公営住宅で、2017 年度にはクルーズ船向け旅
客ターミナルと MICE[※]施設での目標件数を掲げた。

※ Meeting（企業等の会議）、Incentive Travel（企業等の行う報奨・研修旅
　行）、Convention（国際機関・団体、学会等が行う国際会議）、Exhibition
　/Event（展示会・見本市、イベント）の頭文字を組み合わせた名称で、
　国際会議場やホテル等を含む複合開発的な都市機能

　文教施設とは、自治体が運営するスポーツ施設、社会教育施設、文
化施設である。生涯学習やスポーツ、文化の振興といった施設本来の
目的に加えて、最近では地域活性化に資するような取り組みが求めら
れている。コンセッションを導入することで、施設の本来目的の事業
をより効率的に実施しつつ、スペースや空き時間を活かした各種教室
やイベントの実施、立地を生かした周辺開発事業等により付加価値を
高めることが期待されている。

　自治体が所有する施設ではないが、奈良少年刑務所赤レンガ構造物
でコンセッション手法が導入された。明治政府が建設した五大監獄の
一つで歴史的、意匠的価値を有する旧奈良監獄を耐震改修し、関連す
る史料館として運営する事業である。最終的に 2 グループが応募し、
外国人も意識した体験型・滞在型の空間開発を提案したソラーレホテ
ルを代表企業とするグループが運営権を獲得した。

　自治体が所有する施設としては、大阪市が中之島エリアで計画中の
新美術館や京都府が JR 亀岡駅北口に計画するスタジアムで、コン

セッションの導入が検討されている。

　政府は当初は上下水道を含む4分野を重点分野としたが、海外での
コンセッションの実績等を踏まえ、集客型の施設、中でも訪日外国人
の利用が見込まれる施設を重点分野に加えた。民間の経営努力による
収益向上余地が大きく、民間のインセンティブと公共側のメリットが
一致することが理由だ。2017年度に新たに件数目標の対象となった
のは、増加する訪日外国人の受け入れ環境を改善するための施設であ
る。各地で不足が指摘されているクルーズ船旅客ターミナルも加えら
れた。

　福岡市は博多港周辺を一帯整備する「ウォーターフロント地区再整
備事業」でコンセッションを導入する計画であり、クルーズ船旅客
ターミナル及びMICE施設の第1号案件となると見られている。上
下水道に代表される基礎的なインフラが、人口減少下で右肩下がりの
収入を前提とせざるを得ないのに対して、事業の拡大余地が大きいこ
とが集客型事業のコンセッションの追い風となっている。

（3）先行モデルの検証

Ⅰ　1兆円に上る有利子負債の大幅削減に成功した
関西国際空港

① 多額の有利子負債問題の解消の切り札に位置づけられたコンセッション

　関西国際空港は、騒音問題で飛行制限の多い伊丹空港に代わり、国際的な機能を備えた24時間空港として、1994年大阪府泉州沖に整備された海上空港である。国が直接管理するのではなく、事業開始当初から国、地元自治体及び関西の有力企業が出資する関西国際空港株式会社が経営にあたっていた。開港以来、利用状況は必ずしも悪くなく営業ベースでは黒字を計上していたが、埋め立て費用を含む初期投資による1.3兆円もの負債の利払が重く、最終損益では赤字が続き、国からの利子補給金を受けて経営が成り立つという状況にあった。

　こうした財務問題を解決するため、2010年に国土交通省が抜本策の検討に着手し、2011年に以下の経営改革方策が示された。

　＊関西国際空港と大阪国際空港（伊丹空港）の経営を一体化し、伊丹空港のキャッシュフローや不動産価値も活用して経営改善を図る。
　＊両空港の運営権を売却（コンセッションを導入）することでバランスシートを改善することの可能性を検討する。

　関空・伊丹の実情を踏まえ、詳細なスキームは図表2−4の通りとされた。ここでのポイントは、関西空港の土地にかかる有利子負債を新関空会社から切り離し、新関空会社と別に関空土地保有会社を設立して土地を保有させて負債を肩代わりし、新関空会社から地代収入を得て負債を償還することだ。道路公団の民営化でも採用された上下分離の考え方が採用されたことになる。

第2章　価値創出型官民協働事業の現状　*81*

もう一つのポイントは、新関空会社が伊丹の空港ビルを引き継がなかったことである。伊丹空港はもともと国が直接経営する空港であったが、空港ビルについては地元自治体や関西の有力企業が出資したターミナル会社が運営していた。改革後もターミナル会社を温存し、新関空会社とターミナル会社が協力して空港の経営改善を図る旨の協定が締結された。
　以上から、新関空会社が所管するのは、伊丹空港については土地の所有と滑走路等の維持管理、ターミナル会社と協力した空港運営、関西空港については借地と滑走路等とターミナルビルを含む空港全体の運営となった。こうした構造の事業にコンセッションを導入することを念頭に、新関空会社は国100％出資でスタートした。（図表2－4）
　コンセッションの導入前に伊丹空港と経営が統合されたのは、関西空港単体の経営努力だけで多額の有利子負債を前提とした関西空港の経営を改善するのは困難という認識があったからだ。国は関西空港の経営改善について早くから検討に着手していたものの、民間企業から

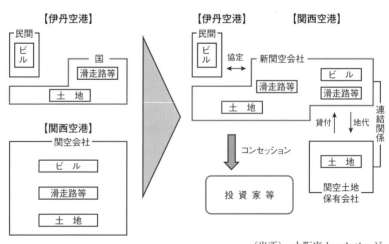

図表2－4　関西国際空港のスキーム

（出所）　大阪府ホームページ

は関西空港単独だけではなく、伊丹空港との連携が不可欠との声が強かったとされる。伊丹空港は立地の良さから安定した収益を上げており、開発事業としてのポテンシャルも見込める。ターミナル会社は統合から外されたものの、空港事業が一体化できたことで、両空港の強みを生かした戦略的な路線誘致や、伊丹空港での追加的な開発事業の可能性を見込めることとなった。

　民間企業は関西圏に三つの空港が競争をすれば共倒れになるという懸念を持っていたため、神戸空港の扱いも論点の一つとなった。しかし、神戸空港は神戸市が設置管理者である地方管理空港であるため、関係者の調整負担が増えることを踏まえ、まずは国所掌の2空港を対象にコンセッションの検討を急ぐことになった。有利子負債への対処を急がなければならないという関係者の危機感がコンセッションの実現を後押ししたのである。

② 世界的な実績を持つ空港オペレーターが参画

　本事業では民間にできる限り自由に経営させて収益を最大化し、有利子負債の償還を円滑に行うことが重視された。そのためには、収入を最大化するノウハウを持った民間事業者を選ばなくてはならない。2014年7月に公表された実施方針から、そうした観点が読み取れる。

　一つ目は、民間企業が主体的に着陸料等の空港事業の収入手段を決められるようにしたことである。実施方針には「自主性と創意工夫が発揮させるよう原則として自由」と明記されている。同時に、需要リスクについては運営権者が負担することも明確化された。また、民間の収益拡大可能性を高めるために、45年間というこれまでのPFIに比べて超長期といえる運営期間を設定した。

　二つ目に、構造上完全な民間事業ではないことから、国が負担するリスクについても提示したことだ。具体的には、地震や津波等の不可抗力発生時の損害、法令等の変更による不利益等については、国が出

資する新関空会社の負担とした。また、いずれも既存施設を引き継ぐことから、既存施設の隠れた瑕疵や海上空港ゆえのリスク（用地の沈下への対応）についても国が負担することとなった。こうした事項については、コンセッションを含むPPP・PFI事業で蓄積されてきた標準的なリスク分担の考え方が踏襲されている。

　三つ目は、運営権対価を含む運営権者から新関空会社への対価の支払いを柔軟に設定したことである。多額の有利子負債は新関空会社発足時に土地保有会社に移管され、新関空会社は借地料を支払わなくてはならない。新関空会社にとって毎年の運営権対価等の収入をいかに最大化するかが重要になる。一時金を高く設定すると、民間事業者の資金調達コストが重くなることから、履行保証金と運営権対価を組み合わせて、民間からの提案を求めることとした。収益連動型の運営権対価の支払いを提案することも認めた。このように、運営権対価の支払い自由度を高めた上で運営権対価等支払いの基準額（最低額）を年間490億円と設定した。45年間の単純合計で2兆円を超えるチャレンジングな対価設定である。

　四つ目は、収益拡大を重視した応募要件である。関空と伊丹の経営改善には路線誘致が何より重要になる。そのためには空港運営の実績に裏付けられたノウハウが不可欠となることから、関空相当規模の空港運営実績を有する事業者の参加が必要とされた。こうすると海外の空港運営会社や空港オペレーターの参画が想定される。一方で日本の商慣行、新関空会社の経緯、関西における経済活性化等の要請への理解のために、国内事情に精通した企業が代表となることも求めた。

③　本格的な競争的対話手続きにより優先交渉権者を選定

　2014年10月に募集手続きが開始された後、3段階の審査からなる本格的な競争的対話型のプロセスが採用されたのも重要なポイントである。（図表2−5）

図表2-5　関空・伊丹空港コンセッションの事業者選定の経緯

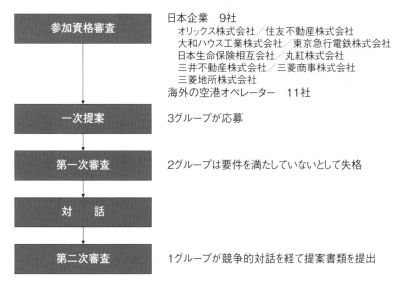

（出所）　新関西国際空港株式会社ホームページより作成

　まず行われたのは資格審査である。ここでは、日本の法令やビジネス慣習を熟知する代表企業の要件と、空港運営能力に関する要件が示めされ、企業ごとに審査が行われた。代表企業の要件を満たした企業は商社やデベロッパー等9社、空港運営要件を通過した企業は海外の空港オペレーター11社である。

　続く第1次審査は、競争的対話に進む応募者を絞り込むためのプロセスである。運営権対価の提案額、事業実施方針、事業計画等、多岐にわたる内容が求められ妥当性が審査された。3グループが応募したが、2グループは資格審査を通過した企業によるコンソーシアムが組めておらず、1次審査の要件を満たさないと判断された。残る1グループは、ヴァンシ・エアポートが参加するコンソーシアムである。資格審査を通過した日本企業と空港オペレーターで構成されていることに加え、運営権対価が基準を満たしていること、事業実施方針等に

第2章　価値創出型官民協働事業の現状　85

ついても、新規路線誘致や商業施設の再配置による空港の魅力向上、安全安心への取り組み意識等が適切と評価され1次審査を通過した。

　1次審査を通過した1グループは競争的対話のプロセスに進んだ。本事業の競争的対話では、1次提案が公共側の要求に合った最終提案となるよう、応募者が空港運営の現状や関係者のニーズを理解するための現地調査や関係者へのヒアリングの機会等が設けられた。既存施設を対象とするコンセッションでは、実態を把握した提案が重要との理解による措置だ。その上で、対話において、1次提案で検討が不十分なところや、改善が期待される部分も提示された。

　本事業では公共側のニーズを伝えるだけでなく、応募者が公共側に対して要求水準や契約等に関する提案を行うことも可能とされた。募集要項で提示した条件を絶対とせず、民間に幅広い裁量を与えるという当初の方針が、対話の段階でも貫かれている。

　こうして1次審査を通過し対話を経て最終提案が採択されたオリックス・ヴァンシグループが、2015年11月に優先交渉権者に選定された。日本初の本格的コンセッション事業は、本格的な競争的対話としても初めての取り組みとなった。

④　豊富な空港運営実績と訪日ブームで増益するも今後は

　オリックスとヴァンシ・エアポートは、関西電力やNTT西日本等の関西有力企業とともに、関西エアポート株式会社を設立して新関空会社と契約を締結し、2016年4月から関西空港及び伊丹空港の運営を開始した。前年は「爆買い」が流行語となるなど、空前のインバウンドブームとなった年だが、2016年は爆買いの中心だった中国の景気が減速した。関西エアポートは、訪日外国人の需要が旺盛なアジア方面のネットワークの拡充やローコストキャリアを中心とする新たな路線誘致に力を入れ、逆風が懸念された中、2016年度の関空の発着回数を前年対比5％増とすることができた。需要増加に対応したター

ミナルの改修、第2ターミナルの拡張といった投資に着手し、2017年度には国際線着陸料を5％削減する等の新料金制度も施行した。事業開始早々から民営企業ならではの機動力、経営ノウハウが発揮されたと言える。

　関西空港でもう一つ注目されるのが神戸空港との一体運営である。2016年9月に神戸市が神戸空港の実施方針を公表し、コンセッションの導入を明確にした。実施方針では、関空・伊丹空港と神戸空港を一体運営に資する方策を講じることで、3空港を適切に活用し、関西全体の航空需要拡大を図るという事業目的が詠われた。その後の事業者選定では、オリックス、ヴァンシ・エアポート、関空エアポートによるコンソーシアムが唯一応募し、選定された。これにより、契約は別々でありながら関空、伊丹、神戸の3空港を一体で運営する組織体が形成されることとなった。同グループは、3空港が別々に路線を誘致する、いわゆる"カニバリゼーション"の防止を掲げた上で、神戸空港についてはビジネス需要の取り込みを提案している。3空港一体化による機材調達の効率化や人材育成の充実なども一体運営に期待される効果だ。

　神戸空港を取り込んだことで、関西圏全体として最適化効果が期待されるところだが、コンセッションの事業期間は長く、今後の経営には不確実要素もある。特に、事業権対価の負担が重いだけに需要動向は気になるところだ。今のような訪日外国人の増加基調が今後も続くとは限らず、2020年オリンピック・パラリンピックが一つの節目となる可能性もある。歴史的な問題を抱えるアジア諸国からの来訪客が多いことも懸念要素だ。関西圏では万博誘致といった国家プロジェクトが進んでいるが、この成否も旅客・貨物需要に影響を与える。3空港の運営会社である関西エアポートには多くの関西有力企業が出資していることから、行政と関西企業が一致団結し交流人口を持続的に拡大するための取り組みを続けられるかがカギを握るだろう。

Ⅱ 震災復興の象徴ともなった仙台空港民営化

① 東日本大震災をきっかけに始まったコンセッションの検討

　2011 年 3 月 11 日の東日本大震災により東北地方沿岸部の施設は大きな被害を受けた。仙台空港もその一つである。滑走路が津波により水没し、ターミナルに取り残された人たちがテレビ画面に映し出された。国内線の一部運航再開は約 1 か月後の 4 月 13 日、旅客ターミナルの復旧作業の完了には 9 月までの期間を要した。

　施設が復帰した後は利用者が低迷する事態に見舞われた。東北地方にあることから原子力発電所の事故の影響は特に大きく、2011 年度は観光客を中心に利用が低迷した。

　仙台空港の運営体制には課題があった。仙台空港の本体（滑走路等）は国が所管しているが、旅客ターミナル、貨物ターミナル、仙台駅と結ぶアクセス鉄道、駐車場は宮城県が出資する第三セクターが経営していた。しかも、旅客ターミナル、駐車場が黒字経営の一方で、貨物ターミナルは赤字、アクセス鉄道は利用客が減ってダイヤが減少し、利便性が低下して利用がさらに低迷するという悪循環に陥っていた。

　平時にこうした課題に正面から切り込むのは容易ではない。震災で大きな被害を受けたことが、経営の刷新、周辺事業との統合をゼロベースで検討することを可能にした。

　こうして仙台空港コンセッションの検討が始まり、宮城県は三つの効果を期待した。一つ目は、新たな航空会社や路線を積極的に誘致し、仙台空港が東北観光の玄関口としての役割を果たすこと。二つ目は、赤字運営となっている貨物ターミナル、アクセス鉄道を滑走路等の本体事業、黒字の旅客ターミナル等と一体的に運営し事業全体の最適化を図り赤字体質を解消すること。三つ目は、震災で壊滅的な被害を受けた仙台空港周辺が、コンセッションによる民間投資で開発されることである。

② 民間の意見を取り入れながらの事業化検討プロセス

　仙台空港のコンセッションは宮城県にとっていいことづくめに見えるが、民間企業が公共と同じスタンスでの経営に取り組むことはできない。宮城県は、震災からおよそ1年後の2012年2月に「仙台空港等活性化検討会」を立ち上げた。この検討会には、投資する立場の民間企業として商社3社が招かれて、対象となる事業の経営状況の分析や空港コンセッション事業に民間が投資するための条件等の議論が行われ、同年5月に報告書がまとめられた。

　民間からは、航空事業の捉え方や法的制度との整合性、仙台空港及び関連インフラの事業価値をどのように判断するかなどの論点が提示された。経営に直結する情報が十分に整備されていない、何かあった場合にリスクが無制限になる、将来的な需要の見通しが困難であるといった問題が指摘された。その上で、航空事業を所管する国とターミナル等の出資者である地元自治体等のパブリックセクターが、コンセッション導入のビジョンを構築・共有し、民間の参入を促すために経営情報の開示や不可抗力時のリスク分担等の環境条件を整備することが提言された。

　このように、仙台空港のコンセッションは、検討の初期段階で投資側の企業が事業の重要条件を提言したことが特徴となった。

　その後、仙台空港を所管する国土交通省の正式な検討が始まり、2013年11月に基本的な事業内容が公表され、マーケットサウンディング（公共と民間との対話）が行われた。その結果、アクセス鉄道を事業範囲から外す等、事業条件の調整が行われた。

　一方で、2013年7月には県及び民間企業からなる「仙台空港600万人・5万トン実現サポーター会議」が設立された。いわば仙台空港コンセッションの応援団であり、東北観光活性化と空港の役割、経営刷新の必要性等が議論され、地元の機運を盛り上げていった。

③　4グループが応募、地方空港のモデルへ

　2014年6月には正式な公募の手続きが開始された。最終的な事業の構造は、滑走路等、国が所有する空港本体に運営権を設定するとともに、ターミナルビル等の宮城県等が出資する事業に関しては株式を取得するといった内容だ。（図表2－6）

　事業期間は、当初30年間、延長オプション30年間、不可抗力等による延長も含めると最長65年間になる。

図表2－6　仙台空港のコンセッションスキーム

○ 目的
　　民間の資金・経営能力の活用による空港の一体的かつ機動的な経営を実現し、内外交流人口拡大等による東北地方の活性化を図る

○ 事業期間
　　最長65年間（当初30年＋オプション延長30年以内、不可抗力等による延長）

○ 事業方式
　・国は、公募により運営権者を選定
　・運営権者は、本事業の遂行のみを目的とするSPCとし、滑走路等の運営（着陸料の収受等）とターミナルビル等の運営を一体的に実施
　・運営権者は、国から公共施設等運営権の設定を受けることにより滑走路等の運営を実施、ビル会社の株式を取得することによりターミナルビル等の運営を実施
　・国は、運営権者から運営権対価を収受

○ 料金設定及び費用の負担
　　運営権者は、着陸料等、旅客取扱施設利用料その他の収入を設定・収受し、これらの収入により事業実施に要する費用を負担【独立採算型PFI事業】
　　　　　　　※ 国は着陸料等の料金施策に係る提案を積極的に評価する予定

○ 本事業の範囲
　・空港運営等事業　（滑走路等の維持管理・運営、着陸料等の設定・収受等）
　・空港航空保安施設運営等事業　（航空灯火等の維持管理・運営等）
　・環境対策事業　（緑地帯その他の緩衝地帯の造成・管理等）
　・ビル・駐車場事業　（旅客・貨物ビル施設事業、駐車場施設事業）
　・その他　（応募者による提案業務（地域共生事業、空港利用促進事業）等）

（出所）　仙台空港特定運営事業等実施方針の概要

選定プロセスでは、関空と同様、競争的対話方式が採用された。1次審査では4グループが応募して基本的な事業方針が審査され、3グループが選定された。続く競争的対話を経て、最終的に東急電鉄を代表とする「東急前田豊通グループ」が優先交渉権者となった。

同グループの提案では、旅客については現在の324万人から30年度には550万人に、貨物については現在の0.6万トンから2.5万トンにするとの目標が設定された。目標達成のため、国際線で4時間圏の直行便を拡充する、貨物の輸送ルートを確立するといった施策が提示されている。また、旅客数減少時に料金負担を軽減できる新たな料金体系や就航時の割引等、民間のマーケティングノウハウを活かした運営を行うとしている。空港施設については、ターミナルビルの早期改修、LCCを意識した搭乗施設の新設等、約342億円の投資計画が盛り込まれた。

地域との連携も重視している。自治体や地元企業が参加する各種協議会と連携し、二次交通網の整備、旅行商品開発、空港での地元産品の販売、各種情報発信等を行うとしている。その中で、アジアにも広がる東急グループのネットワークを活かす意向だ。地元の経済界は、他地域に比べて遅れているインバウンドの取り込みに強い期待を寄せている。

2017年7月にはコンセッション事業を開始して1年が経過した。旅客数等に応じて着陸料を減免する料金制度の導入効果等で台湾のLCCの誘致に成功し旅客数は1.7倍となった。東北の観光地と直結するバス路線の開設、駐車場予約サービス等、空港の利便性を高めるための取り組みも進んでいる。地元と連携した空港運営は今後の地方空港のコンセッションのモデルとなる。

Ⅲ 道路の維持管理効率化と地域活性化を狙う 道路コンセッション

① 特区制度により実現した道路コンセッション

　世界的に見ると道路のコンセッションは多いが、日本では空港の6件に対して1件と、控えめな目標になっている。この背景には、利用料金を徴収しているインフラに限定するという日本のコンセッションの定義がある。日本の道路はほとんどが一般道路で、東名高速や首都高等の利用度の高い高速道路は、特別な法律に基づき設立された株式会社が運営している。結果的に、運営権が設定できる道路は、自治体や道路公社が有する有料道路に限られる。

　日本の有料道路の「償還主義」という制度も影響している。償還主義とは、本来道路は無料で誰でも通行できるべきという考え方から、道路整備に要した費用の回収が終わった段階で通行料金を無料にするという制度である。

　償還主義の下でコンセッションを行うと、そもそも民間が利潤を得ることが可能かどうか、償還が終了したら料金を無料にしなくてはならず投資回収計画が立てられない等、民間の意欲を削ぐ懸念が出てくる。

　改革派の愛知県大村秀章知事は早くから有料道路のコンセッションに関心を持ち、2012年2月に構造改革特区に提案した。その後、県としてコンセッション事業の骨子を検討して、2013年5月に国土交通省にその結果を提示し、償還主義との関係をどのように整理するかの協議を重ね、2015年7月にようやく特区により有料道路のコンセッションが可能となる制度が整備された。

　道路全体に占める有料道路の割合は大きくはないが、国土交通省にとって道路管理の原則論を崩すことに繋がりかねないことから、慎重な検討がなされたとされる。本事業では、愛知県が管理する8つの有料道路が対象となったが、県が国土交通省から許可されている料金徴

収期間の終了予定年までが民間事業者の事業期間とされた。これにより、路線によって運営権の存続期間が異なる、インターチェンジの新設や改築工事を実施した場合は償還期間が延びるという複雑な構造となった。この点は、愛知県が国交省から事業計画の認可を受けた上でコンセッションの契約に反映された。

　こうして償還主義の下での道路コンセッションのスキームはできたが、他の自治体が続く場合には改めて特区の申請をすることとなった。こうした政策姿勢が道路コンセッションの目標件数を控え目なものにしていると考えられる。

② 需要リスクを官民で分担することで現実的な事業構造に

　道路のコンセッションでは需要リスクが問題になる。海外では道路事業にコンセッションをはじめとするPPP方式が導入されたが、需要予測のブレに官民双方が苦しんだ。

　本事業では、民間が需要リスクを取るのは困難という前提のもと、官民がリスクをシェアする方法が採用された。具体的には、基準となる需要予測のプラスマイナス6％までは運営事業者がリスクを負担するが、それを超えて需要が変動した場合は公共側がリスクを取るという仕組みである。

　オープンブック方式を採用したことも特徴の一つである。本事業では、インターチェンジやパーキングエリアの新設、ETCレーンの増設等を民間事業者に義務付けているが、これらに要する費用は公共側の負担とされた。しかし、公共側が工事費を全額負担すると運営事業者には工事費の合理化インセンティブが働かない。そこで、コンストラクションマネジメントを導入して工事費用を透明化した上で、公共側は工事原価とマネジメントフィーを民間事業者に支払うこととし、工事原価を削減した場合は削減分の50％を民間事業者に還元するという契約構造を採用した。

第2章　価値創出型官民協働事業の現状　*93*

道路事業にとって最も大きな課題である需要リスクや改築工事費のリスクを官民でシェアした上で、民間事業者が地域活性化に資する開発事業のリスクを取ることを後押しすることができた。こうしたリスク分担の考え方は事業者選定からも窺える。本事業では、道路事業や道路に付帯するパーキングエリア等の事業に加えて、道路区域外の開発事業の提案を求め、非価格要素200点満点のうちの25点を配分した。応募者側も県の意向を受け止め、優先交渉権者に選定されたグループは、食の拠点の整備、空港島へのホテル誘致、地域産業連携型バイオマス事業の立ち上げ等、積極的な事業提案を行った。

図表2－7　愛知有料道路コンセッションで提案された開発事業

パーキングエリア連結型商業施設提案

中部国際空港内ホテル事業提案

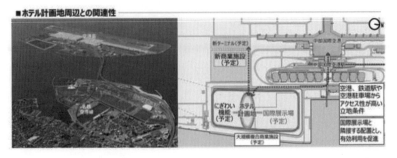

（出所）　愛知県ホームページ、優先交渉権者「前田グループ」の提案概要

運営会社は2016年10月に業務を開始し、まずは利用の少ない早朝の割引制度を導入する等の施策を実施した。今後の需要の動向等を見極めた上で、提案した開発事業を進める意向だ。

③　維持管理の継続的改善への期待

周辺地域の民間開発やパーキングエリアの魅力向上といったコンセッションの成果は目に見えやすい。一方、道路運営では安全・円滑な交通サービスを提供することが第一である。この点については、道路の管理・保全にITを積極的に活用する方針を掲げ、帳票の電子化や保全データの一元管理による効果的な予防保全などを行うとしている。

国土交通省は、「インフラメンテナンス国民会議」を設置し、積み上がったインフラを良好に保つため、官民双方がニーズとシーズを持ち寄り革新的技術の社会実装等を促進することを目指している。しかし、自治体が先進的な技術を導入するには、技術の費用対効果を比較した上で最善のものを選定しなければならない、複数の事業者が提示する技術を比較評価して事業者を選ばなくてはならない等、難しい課題がある。コンセッションを導入すると、民間事業者がサービスの抜本的な改革のために、専門的な知見を活かして新しい技術を機動的に導入することが期待できる。

維持管理の方法については、民間の柔軟な発想を取り入れるために、「マネジメントサイクルの導入」が要求水準に明記された。民間事業者に、業務の具体仕様について不断の見直しを行い、継続的に効率的かつ効果的な方法を追求してもらうための規定である。

例えば、安全・円滑な交通サービスのために道路パトロールは重要な業務だが、公共が運営するとパトロールの頻度やルートが固定化されることが多い。ここで「マネジメントサイクル」を取り入れると、道路パトロールの実施結果を分析し、パトロールの必要性の高さで道

路をランク分けし体制を組むことが考えられる。カメラによる監視と人間による現地確認の組み合わせによる効率化、将来的にはAI（人工知能）の活用なども期待できる。

　道路に限らず、基礎的なインフラの運営や維持管理の仕様は、保守的に設定され、一度決まると環境が変わっても見直されず、過剰仕様や非効率性が定着してしまう傾向がある。コンセッションには、保守的なインフラの維持管理分野にイノベーションを起こし、時代に相応しい技術や管理方法が取り入れられることも期待されている。

Ⅳ　不採算事業のコンセッションのモデルを示した浜松市

①　合併自治体のインフラ管理の不安と処理場移管

　下水道事業でコンセッション第1号となったのは、浜松市の西遠処理場の事業である。西遠処理場は、もともと静岡県が管理していた流域下水道事業だが市町村合併に伴い浜松市に移管された。

　浜松市はこれまで12市町村と合併をしてきたため、南北73kmと伊豆半島と同じくらいの長さを有する。合併により旧市町村が有していた公共施設、インフラを引き継いだため、重複する機能も多い。今後の人口減少等を見据え、あらゆる分野で施設の統廃合や官民連携による管理の効率化等を積極的に進めている。

　下水道事業でも、合併により終末処理場の数は西遠処理場を含めて11となり、処理区域も中心市街地、浜名湖周辺、北部の山間地域等、域内に分散している。地域の特性も異なっており、西遠処理場は中心市街地の縁辺部の広大な処理区域を抱え整備効率が低いという課題を抱えている。

　浜松市は、下水道事業の持続性を確保するため、処理区域の再編計画を策定し、下水道による集中処理と浄化槽等の分散処理の棲み分けの方針を明確にした。また、アセットマネジメントの考え方を取り入れた長寿命化計画により、処理場における包括委託等、原価低減にも取り組んできた。

　こうした中、県流域下水道事業の移管を受け人材配置の見直しが必要になったが人材の余裕はなく、民間事業者に最大限業務を分担してもらわなくてはならない状況になったのである。

　流域下水道事業の官民連携を考える場合、管路については資産状態の把握が難しく公共が資産リスクをとる業務委託にならざるを得ないため、今回検討の対象外とされた。処理場については、DBO手法も選択肢にあがったが、短期間にまとまった施設更新があるのではなく、長期にわたり少しずつ設備の部分的な更新を行うという特徴が

あった。

　そこで処理場を対象に建設を含む運営事業を包括的にゆだねるコンセッション方式により、民間のノウハウを最大限に発揮してもらい官民双方にメリットを生み出すとの期待のもと、下水道初のコンセッションの検討がスタートした。

②　不採算事業でのコンセッションのモデルを構築

　浜松市は2015年6月に実施方針素案を公表し、民間企業との対話を開始したが、その時点で先行していたのは空港と道路のコンセッションである。空港は独立採算型のコンセッション事業であり、愛知県の有料道路も改築費用を公共側が負担するとはいえ、運営については独立採算を前提としている。

　一方、下水道事業は一般に独立採算のために十分な使用料が設定されていない。全国平均の維持管理費の回収率は85％程度に留まっている。維持管理費を回収できている事業でも資本費は回収できず、不足分は一般会計から補填されているのが大多数というのが実態である。

　もう一つの特徴は、建設事業（改築を含む）に対して、費用の50～55％に上る国からの交付金があることだ。

　西遠処理場のコンセッション事業では、一般会計から財政支援ができること、建設事業に対して交付金が使えることが条件となった。

　本事業でも西遠処理場をコンセッション事業の対象としているが、下水道使用料は管路と処理場に分けて設定されていないため、使用料を市が管理する管路部分と、民間が管理する処理場部分に分けることが必要となる。

　これらの特性を踏まえ、まず、住民が支払う下水道使用料のうち、「利用料金設定割合」を乗じた分を民間事業者の取り分とする方式とした。同割合は事業者選定時点では27％とされており、市と民間事

図表2-8　浜松市下水道コンセッションの事業スキーム

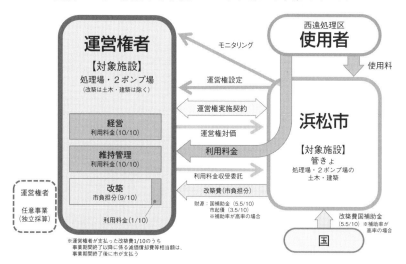

（出所）　浜松市事業者公募資料

業者の役割分担のコストの比率に基づき設定されたと考えられる。住民が市と民間事業者と別々に料金を払うのは現実的ではないため、市が一括して徴収して民間事業者に配分する。

　民間事業者は使用料収入の一定割合を収受し、それを収入として必要なコストを賄うが、民間事業者が負担するコストは、経営及び維持管理にかかる費用全てと改築費の10％とされた。残りの90％は市が国から受け取る交付金や市の起債等により賄うことになる。

　民間が運営を担い、市が建設費用を負担する場合、民間は新しく高効率の設備を導入したほうが運営し易いため、建設費を合理化できない恐れがある。民間事業者が10％負担することとしたのは国の補助金等を最大限活用しつつ、建設費の効率化のインセンティブを確保したいためだ。

　国との計画についての協議、調整、会計検査等の交付金に関するリスクの大部分は市が負担する。そこで、建設については5年単位で民

間事業者が計画案を作成し、市は交付金や市の財源確保の見通し等を勘案しながら民間と協議調整し、内容を確定していく手順を定めた。交付金を含む公的な財源を活用するからには、コンセッションといっても、民間の完全な自由裁量により建設を計画、実施することはできないのである。

　こうして見ていくと、本事業は、一定の収入（使用料収入の民間按分分）の下、計画、運営、建設を包括的に民間事業者に委ねた事業ということができる。空港のコンセッションとは民間の自由度に大きな違いがある。（図表2－8）

③　水メジャーの参画

　事業者の募集は2016年5月に開始された。事業期間は20年間で、運営権対価については0円以上という条件になった。

　2グループが応募し、他のコンセッションと同様に競争的対話が行われ、フランスの水メジャー、ヴェオリアが日本に設立したヴェオリア・ジャパンを代表とするグループが選定された。構成企業には空港事業にも参加しているオリックスも加わり、従来の水分野とは異なる顔ぶれとなった。

　ヴェオリア・ジャパングループの提案のポイントは三つある。一つ目は世界3300か所の運営実績から得られたノウハウや技術の投入である。世界での実績を活用し、個々のシステムの効率化・最適化、ベンチマーキングによるマネジメントサイクルの構築、人材育成を行うとしている。各種データを統合的に蓄積し、運営に生かすためのプラットフォームも提案されている。安易な前例踏襲に陥らず、効率を重視した運営方法が確立されることが期待される。

　二つ目は、下水道事業と浜松市特産のうなぎの養殖事業を組み合わせる独創的な事業が提案されたことだ。SPCの継続的な発展に向け、新技術の開発や実装も提案されている。20年という事業期間中、職

員のモチベーションを維持するために、チャレンジングな目標を取り入れることも一つのノウハウと言える。

　三つ目は運営権対価である。ヴェオリア・ジャパングループは25億円の運営権対価を提案した。下水道事業は事業の性格上事業収入を増やすことは難しいため、経営改善の原資はほぼコスト削減に依存することとなる。ヴェオリア・ジャパングループは、運営や建設にかかるコストの削減によって25億円を超える効率化効果を実現し、その成果は市民に還元できるとしている。

　下水道は基礎的なインフラとされ、全国統一の仕様で整備されてきた。地域格差が生じない反面、高コスト構造を生み出したことは否定できない。世界で実績を上げた新しいプレーヤーが新しいコンセプトで運営を手掛け、求められるサービス水準を達成しながらコスト削減・還元の成果を生み出すことができれば、下水道事業の維持に悩む多くの自治体の参考になる。

価値創出型官民協働事業の現状
パートⅡ 民間提案型事業

（1）提案型 PPP 事業の経緯と課題

① PFI 事業では当初から民間提案を重視

　序章で述べたとおり、官民協働事業では、民間ならではのアイディアを取り込むことが重要である。PFI では、制度の導入当初から民間の提案を事業に取り入れるためのプロセス設計が行われてきた。

　まず初めに取り込まれたのは、マーケットサウンディングと実施方針公表後の対話である。マーケットサウンディングとは、事業条件を固める前に民間企業からの意見や要望を聞くことである。具体的には、例えば、対象事業を PFI として実施するか否かを検討する可能性調査の段階で、潜在的な応募者と想定される民間事業者から対象事業への関心や参画のための条件等について聞き取りを行い、事業条件に反映させる。

　さらに、PFI では正式な入札の公募に先だって事業の概要をまとめた実施方針を公表し、質問及び意見を求め、事業内容に反映することが制度の中で位置づけられた。PFI 事業では、例外なく、実施方針の公表、意見聴取のプロセスを経て、民間事業者の声を取り入れた上で事業者選定が行われてきた。

　PFI が始まる以前は、公共側が詳細な仕様を決めた請負工事や業務委託がほとんどであった。民間事業者の役割は、公共側が定めた仕様に従って役務を提供するのに留まるため、民間事業者の意見を取り入れる必要性はないと考えられていた。PFI は性能発注を基本とするため、不適切な条件を設定すると、自治体では発想できない民間ならではの技術や事業構造を阻害してしまう恐れがある。マーケットサウンディングや実施方針に基づく対話は、民間からの提案の阻害要素をな

くすことに一つの目的があった。

　PFIで公募前の対話が行われるようになると、PFI以外の官民協働事業、例えば包括委託や指定管理者でも同様の対話が行われるようになった。今では、適切な公募条件を設定するには民間とのやり取りが不可欠という理解が官民で共有されるようになっている。

②　入札プロセスでも対話を位置づけ

　官民協働事業では民間事業者の提案が質と価格の両方で評価されて落札者が選定される。選定の前段階で公共側が事業の概要を提示して民間から意見を求める機会を設定することで、従来の公共事業に比べて自由度の高い提案ができるようになった。しかし、PFI事業の経験を重ねると、こうしたプロセスでは民間の知見を事業に反映するのに十分でないことが分かってきた。

　一つ目の理由は、正式公募前の対話で公共側が提示する情報は事業に関わる全ての条件を網羅していないことだ。そのため正式な公募の段階で民間の積極的な提案やリスクテイクを妨げる条件が追加されてしまう可能性がある。日本の自治体は一度提示した条件を変更することを躊躇するため、民間事業者が、選定前の対話の時に比べて制約が多くなったと感じることが少なくない。

　二つ目の理由は、正式公募の前の段階では民間の提案も十分に詰まっていないことだ。民間事業者は正式な募集要項が出てから提案の細部を詰めるのが一般的である。このため正式公募前の対話の段階では付加価値の高い提案が難しくなる。結果として、官民双方が検討が不十分な状態で対話に臨まざるを得ない。にもかかわらず、正式な公募が始まった後に公募前の対話の発言内容に拘束されるという矛盾に陥るのである。

　三つ目の理由は、事業者選定が始まると、自治体と応募者は書面を通じての対話をせざるを得なくなることだ。書面ではお互いに意図が

十分に伝わらず、応募者が公共側の意図と異なる提案に労力をかける
という事態が起きる。公共側のニーズとのずれがあっては、せっかく
時間をかけた提案も無駄となってしまう。

　こうした問題を改善するために取り入れられたのが、正式公募の後
の事業者選定プロセスでの官民対話である。公告後に、公共側が応募
者一者一者と対面で質疑を行う。対面にすることで、個々の話題につ
いて複数回意見をキャッチボールできるため官民双方が理解を深める
ことができる。民間側としては提案したいアイディアの実行性を確認
できるというメリットもある。施設のレイアウト、新技術の提案、附
帯事業の内容等に関わるやり取りでは特に効果が期待できる。公共側
としても、応募者に直接意向を伝えることができるため、よりニーズ
にあった提案を促すことができるというメリットがある。

　ただし、入札プロセスにおける官民対話は、原則として質疑の延長
として位置づけられてきた。すなわち、書面での質疑だけではお互い
の認識の不一致を埋めるのが難しいため、対面で質疑を行うことでそ
れを改善しようという解釈である。

　応募グループごとに対面質疑を行うことから、応募者は想定する提
案内容を提示し、要求水準を満たしているかどうかを確認する質疑を
行うことも可能とされた。ただし、あくまで質疑であるため、民間か
らの提案に対してより望ましい提案を誘導するような発言を公共側が
行うことは適切でないとされた。

③　本格的な対話を行う競争的対話

　質疑に留まらず、入札プロセスの中での対話をより柔軟に行えるの
が、競争的対話と呼ばれる制度である。EU の公共調達制度において
位置づけられている制度であるが、もともとは英国の PFI 事業で実
施されていたいわゆる「交渉方式」がベースとなっている。英国の
PFI では、公共側がより良い VfM を追求することを目的として、民

間は提案の自由度が与えられ、幅広いアイディアを公共側にぶつけることができる。提案内容に関する柔軟な対話がなければ、民間は提案のしようがなく、公共側も民間のアイディアを把握していない段階で要求水準等を作ることが難しい。そこで、英国では事業の大枠を提示し、応募者ごとに交渉を重ねながら事業内容を固めていく方法が取られていた。

　英国の交渉方式は、入札プロセスが1年を超えることもあり、官民双方の負担が大きいことや、発注者が提案を誘導できることへの懸念がある等の課題を踏まえてEUは競争的対話の制度を整備した。具体的には、①一次提案により対話の参加者を3者程度に絞り込むことが可能であること、②対話は応募者ごとに公平性を保つように行うこと、③対話が終了したら最終提案（事業者選定の評価対象となる提案）を求めること等である。国によって対話の自由度に違いはあるが、民間が検討中の提案内容に基づく対話が可能となっている。

　日本では、コンセッションが制度化された際に、対面質疑による対話では適切な事業者選定ができないという問題意識が高まり、事業者選定方法として競争的対話型のプロセスが位置づけられた。競争的対話型のプロセスを採用することができるのは、公共側で事業目的やニーズを満たすことのできる手法や要求水準等を設定することが困難な場合とされており、コンセッション以外でも活用可能である。プロセスはEUの競争的対話と概ね同様であり、最終提案の提出の前に、官民とで複数回の対話、実質的な交渉が可能となっている。（図表2－9）

④　対話による民間提案の取り込み事例

　入札プロセス中の対話は、公共工事でも位置づけられている。2005年に施行された「品確法」（公共工事の品質確保の促進に関する法律）では、技術的な工夫の余地がある工事を対象に、民間から技術提

図表２−９　PFI実施プロセスガイドラインに位置づけられた競争的対話法

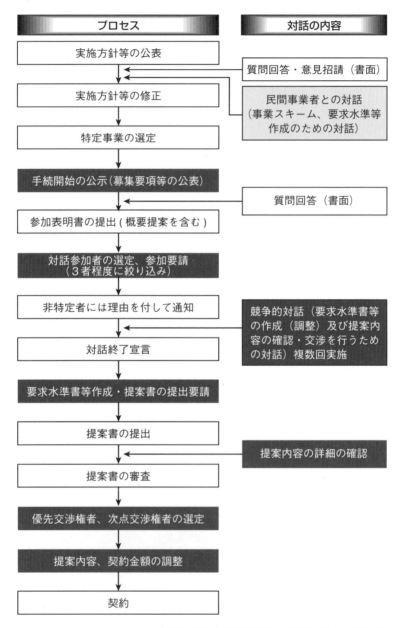

（出所）PFI事業実施プロセスに関するガイドライン

案を求め、技術提案の改善に関する対話を行った上で入札を行う仕組みが位置づけられた。この制度も、民間の技術力を難易度の高い工事に活かそうというものである。

　競争的対話は、日本のPFIでは主にコンセッション事業で活用されているが、それ以前にも品確法の枠組み等を参考として、入札プロセスにおける官民間の対話を充実させることで事業内容の一層の付加価値向上を目指していく取り組みが行われてきた。例えば、山口県防府市の防府市クリーンセンター整備・運営事業では、資源化の推進、エネルギー利用の高度化等を目指して、新たなごみ処理システムを導入した。一般廃棄物を含水率の低いごみと高いごみに分別し、各々メタン発酵処理、焼却処理に付することで高いエネルギー効率を実現することを目指したもので、コンバインドシステムと呼ばれる。防府市では、住民の負担を考慮し、ごみを機械選別によってメタン発酵するものと焼却するものを分けるシステムとした。

　コンバインドシステムの概念は以前からあったが、実機で本格的に導入するのは日本で初めてだったため、事前のマーケットサウンディング等で、各社各様の技術が提案されることが分かった。そこで、要求水準は最小限の条件を定める徹底した性能発注とし、民間からの技術提案に基づく対話を複数回実施した。採用する技術の詳細に加え、機器配置、フローシート等、基本設計レベルの情報を求め、市側が求める条件をクリアし得るかどうか、ごみ質とのマッチング等について対話を行った。また、新しい技術であることから官民のリスク分担についても対話の中で詰めていった。

　こうした対話を経て最終的に採用されたシステムは、乾式メタン発酵により発生したガスを独立加熱器で燃焼させることで、発電効率21.5％と、比較的小規模の施設ながら最高水準のエネルギー利用効率を実現できるシステムとなった。(図表2 −10)

　競争的対話は、コンセッションのように契約金額が大きく、民間の

図表２－10　防府市クリーンセンター整備・運営事業の経緯と特徴

平成19年12月　実施方針公表
　〜マーケットサウンディングによる対話の実施
平成21年7月　募集要項公表
　〜技術対話の実施
平成21年9月　最終公募条件（要求水準書等）の提示
平成22年2月　優先交渉権者の選定

採用したメタンガス化システム
乾式メタンコンバインドシステム
・処理能力は、**51.5t/日**
・平成26年度の可燃ごみ処理量（搬入量）は、**36,070t/y**
・平成26年度の熱回収施設の発電量は、**17,543MWh/y**
　（**発電効率 21.5%**）送電量は、**11,911MWh/y**
・ごみ収集区分はそのままでOK
・前処理として、機械選別等を導入
・バイオガス燃焼式熱風発生炉及び独立過熱器により4MPa×365℃
　のボイラー蒸気を4MPa×415℃に昇温
・主灰・飛灰の全量をセメント原料化

（出所）環境省ホームページ

提案内容により VfM が大きく変化する事業を中心に実施されている
が、このように技術的に難しい課題のある事業でも有効である。

⑤　「民からスタート」のための民間提案制度
　日本の官民協働事業での官民の対話は、まず、事業検討段階での
マーケットサウンディング等が行われ、事業者選定プロセスにおける
官民対話・競争的対話へと拡大してきた。
　対話は提案内容に関する公共側のニーズとの整合性や付加価値を高
めてきた。しかし、いずれも公共側が設定した事業条件に基づく提案
の域を出ていない。公共側が事業の基本的な要件を定めるために十分
な知見を持っていない場合には、効果が限られることになる。そこで

検討すべきなのが、事業を検討する初期段階に民間の知見を取り入れるための方法である。

　日本では長らく発注者が事業を発案することが一般的であった。施設整備を伴う事業であれば、施設の必要性や規模を決めるための需要予測、必要な機能や建物の概要の策定まで、公共が手掛けてきた。

　既に、民間に全く頼らずに公的な事業を立ち上げるのは困難になっている。事業発案の段階でも、PPP などの事業の仕組みを見据えて、民間にヒアリングをすることが一般的になりつつある。しかし、あくまでも検討の主体は公共側であり、公共側が考えるシナリオに民間の意見を反映させるといったレベルに留まることが多い。

　これに対して、事業の発案から初期的な検討についても民間に任せることが必要という問題意識から、2011 年の PFI 法改正により制度化されたのがいわゆる「（PFI 法による）民間提案制度」である。民間提案制度の狙いは、事業の発案段階から民間の知見を取り込むことだが、特に期待が大きいのは、「外部から収益を稼ぐ」ためのアイディアを取り入れるという観点である。

　例えば一定の人口集積がある地域の公共施設が老朽化している場合、単体で建て替えれば費用は全額公共負担となる。一歩進んで PFI 事業とし、独立採算による付帯事業を民間が提案する例は多いが、付帯事業の自由度は限られ、あくまで本体事業（公共サービス部分）の"おまけ"に過ぎないケースが殆どである。事業の付加価値を高めるためにも、公共側の負担軽減の面でも大きな効果が期待できない。

　これを、事業の検討当初から、対象地でどのような商業機能のニーズがあるかといった視点から出発し、商業機能の開発にあわせて公共サービスを提供するという考え方に転換すると、事業のイメージは大きく変わる。収益事業を中心に施設を計画し、公共サービスのための必要なスペースを確保できれば、公共側の負担を劇的に軽減できる可能性がある。民間提案制度の制定以前にも、小型の図書館、交流拠点

等、比較的小規模で一般的な建物の中に設置できる公共施設が民間の商業施設等に入居する形態が増えている。

例えば、PFI の事例が多い給食センターでは、公共専用の給食センターとして整備するのではなく、他の配食サービス用の施設と一体的に整備することが考えられる。この場合、公共専用として整備する場合と比べて配食数、稼働時間、調理内容等が全く変わるため、公共側が施設計画を検討する必要はない。むしろ公共が計画すると民間サービスとの一体化が難しくなる可能性すらある。

このように民間の収益の発想を事業に取り込むには、事業の発案段階から民間の提案を受け入れることが必要となる。民間提案制度で求められるのは、まさに「民からスタート」ということである。

⑥ 活用が進まない民間提案制度

日本の民間提案制度には三つのポイントがある。

一つ目は民間が提案した事業に対して、公共側が採否を検討し応答する義務を負うことである。PFI 法に基づく民間提案では、民間側は事業内容、事業に必要なコスト、期待される公共側の VfM までを提示することが要求される。これだけの時間と労力をかけて検討した提案が棚ざらしにならないように公共側に検討の義務を課したのである。

二つ目は、民間からの提案を採用して事業化した場合には、提案者に何らかのインセンティブを与えることである。具体的には、事業者選定の際に提案者に対して総合評価での加点を与えることが例示されている。

三つ目は提案者のアイディアの保護である。民間が提案した内容を全て開示して事業者の選定のプロセスに入ると、他の応募者が提案を真似して価格勝負をしかけることも可能になってしまう。また、公共側が民間提案のいいとこ取りをすることもあり得る。労を負った提案

者が不利益を被らないよう、公共側にアイディアを適切に取り扱うことを求めている。

　こうした条件を付して制度整備がなされたものの、6年経過した時点で民間提案制度に基づいて事業が立ち上がった例は殆どない。民間提案制度に基づいて提案された事業は数十程度存在すると言われているが、何らかの理由で公共側が採用しないと判断したか、採用した後のプロセスで問題が生じているものと考えられる。

⑦　海外の Unsolicited Proposal の経験に学ぶ

　事業の発案段階から民間のアイデアを取り込んで PPP 事業を立ち上げる取り組みは海外で先行している。民間事業者が PPP 事業を企画した上で事業化可能性調査（フィージビリティスタディ、F/S）を行い事業化するプロセスは、Unsolicited Proposal（民間からの自由度の高い提案）と呼ばれ、多くの国で PPP 事業の正式な実施プロセスとして位置づけられている。先進国ではオーストラリア等が制度化しており、新興国・後進国でも韓国、インドネシア、チリ等を始め、PPP が制度化されている国の半数以上が何らかの形で民間提案を制度化しているとみられる。新興国・後進国では、公共側に PPP 事業を発案・具体化するノウハウが十分でないため制度化が進んだと考えられる。インフラ整備の需要は莫大だが、資金だけでなく事業を計画する人的資源にも事欠いているため、民間に投資可能な案件を迅速にまとめてもらうことを期待しているのである。

　海外の Unsolicited Proposal では、民間による発案・F/S を経て事業が確定した後の事業者選定のプロセスに三つのパターンがある。

　一つ目は提案者がそのまま事業実施者となるパターンである。提案者にとっては確実に事業実施者となれるため、初めから自覚を持ちじっくりと事業を検討することができる。また、公募プロセスが必要ないため、公共側も事務負担が大幅に軽減され、早期に事業を立ち上

げることができる。一方で、透明性に欠ける、競争性がないため公共にとって最適な事業を実現できない可能性がある、さらに汚職の温床になりやすいという課題がある。

二つ目は通常の公募プロセスはとるが、日本の制度と同じように、提案者に加点評価をするパターンである。提案者にとっては事業者で選定されることが保証されないため、加点しても十分なインセンティブにならない可能性がある。

三つ目は一種のチャレンジシステムであり、最初の提案者の事業プランを提示し、それを上回る提案を広く受け付けるものである。最初の提案者の事業プランの受け入れを前提にするものから中立的に競争させるものまで、チャレンジマッチの設計により事業立ち上げのプロセスは変わる。チャレンジシステムはスイスチャレンジと呼ばれる手法等様々のものがある。（図表 2 − 11）

Unsolicited Proposal といっても、どの手法をとるかによって提案者のインセンティブは大きく変わるため、制度の範囲内で、事業環境に合わせて使い分けることが必要である。例えば、公共側が財政支出しない完全独立採算事業であれば随意契約による事業化を認める、よりよいアイディアを求める事業であればチャレンジシステム、サービス購入型の要素が強い事業であれば加点評価といったイメージである。実際には、Unsolicited Proposal で事業化された事業の中には透明性に疑念が抱かれたものが少なくないと言われる。仮に、随意契約を認めるとしても、事業評価のプロセスで中立的な第三者委員会を設置するなど、説明性を高めることで一定の健全性を維持した制度設計は可能である。

日本は談合問題の反省から事業者間の競争を重視しているが、行き過ぎると民間の提案意欲を削ぐことになる。民間提案制度を活かすには、公共側が説明責任のリスクを取って民間のよりよいアイディアを取り込もうとすることが必要である。先行する海外での成功事例、失

112

図表2－11　海外のUnsolicited Proposalsの手続きの概要

提案者
発注者

Unsolicited Proposal（自発的提案）の提出
初期的な検討
発注者としての関心の表明、追加情報や検討の要請

詳細検討
提案の提出
詳細分析
発注者としての関心の表明、追加情報や検討の要請

事業者選定準備
提案への応答（受け入れ、または却下）

選定公告

ボーナスシステム
提案者にボーナスポイントを与えたうえで、他者との競争的プロセスにより選定を行う方法

スイスチャレンジシステム
同案件で競争したうえで、最も安い提案価格を提案者が受け入れる場合は提案者が選定される方法（国により詳細な違いあり）

ベスト＆ファイナルオファーシステム
同案件で1回目の競争をして上位2社（提案者は有利に残れる）を選定し、2社で2回目の競争をする方法

（出所）「Unsolicited Infrastructure Proposals」(PPIAF, 世界銀行)

敗事例を研究し、日本の実状に合った実効性のある制度を再設計することが求められている。

（2）民間提案の先行事例と成果

Ⅰ　事業リストを活かして民間提案を促す福岡市の取り組み

①　失敗から学び案件数を拡大する福岡市

　福岡市は PFI の事業化件数が多い自治体の一つである。すでに 9 件の事業を PFI で実施しているほか、PFI 法によらない PPP 事業として、公有地活用や包括委託等にも積極的に取り組んでいる。

　福岡市の PFI の取り組みが必ずしも順調だったわけではない。福岡市の PFI 第 1 号案件は、タラソ福岡という破綻した事業だ。

　タラソ福岡は、ごみ処理施設の余熱を活用した健康増進施設で、PFI 法が成立する前の 1998 年度に市が PFI による事業化の検討に着手、全国で 3 番目の PFI 事業として実施方針を公表した。健康増進施設は集客力が鍵を握る事業であるため、市は単なるコスト削減や財政負担の平準化に留まらず、市民ニーズに即したサービスやマーケティング等に関する民間ノウハウを期待し PFI 事業を立ち上げた。しかし、開業から 2 年後の 2004 年 11 月にタラソ福岡は営業停止となる。

　原因は、PFI 事業者が想定した需要に対して実際の利用者が少なく、赤字が続き、債務超過に陥ったためである。

　福岡市は第三者による委員会を設置し破綻原因を調査した。同委員会の報告書は、市、民間事業者、金融機関が PFI 事業のリスク分担について十分な理解がないまま事業計画が立案されたことを指摘している。本事業では、需要リスクを誰が負担するのかが曖昧なまま、過大な投資が行われ、民間事業者、金融機関、事業を審査した市のいずれも事業計画の実現性に十分な注意を払わなかった。また、運営開始後の経営状況のモニタリングの実効性にも問題があった。本事業は PFI 事業の失敗例として全国的に取り上げられ、タラソ福岡は PFI 事業者の経営破綻による閉鎖の 4 か月後に市主導の新たな体制のもと運営を再開した。

第 2 章　価値創出型官民協働事業の現状　*115*

福岡市の２件目のPFIは病院整備事業である。公立病院の事業は
PFIの中でも規模が大きい上に専門性が高く、運営業務の範囲が多岐
にわたる。公務員である医師や看護師と非医療業務を一手に手掛ける
民間事業者の連携など、他の事業にはない難しさがある。先行した高
知県・高知市、近江八幡市の事業が契約破棄に至るという問題が発生
する中、運営業務の範囲を絞り込む等の見直しを行い、事業化にこぎ
着けたが、スケジュールが遅延するなど、必ずしも順調とは言えな
かった。

　このように、福岡市は最初の二つのPFI事業で大きな苦労を経験
したにも関わらず、PFIを敬遠せず、取り組みを加速させたのであ
る。そこには、今後の公共サービスを市だけで賄うのは不可能である
という確固たる認識と、民間の参画によりサービスの質が向上するこ
とへの確信があった。

図表２−12　福岡市がこれまでに実施したPFI/PPP事業

実施方針公表時期	名　　称
H12.3	福岡臨海工場余熱利用施設（タラソ福岡）整備事業
H21.3	福岡臨海工場余熱利用施設
H24.1	第1給食センター整備運営事業
H24.10	中央児童会館等建替え整備事業
H25.9	第2給食センター整備運営事業
H26.7	小学校空調整備事業
H26.9	総合体育館（仮称）整備運営事業
H26.10	美術館リニューアル事業
H27.5	中学校空調整備事業

（出所）福岡市ホームページ

②　ロングリスト・ショートリストで民間提案を誘発

　福岡市は先行するPFI事業の実施と並行して、2001年からPFIの対象になり得る事業を公表し、民間からの提案を受け付ける制度を導入した。2001年当初はPFIロングリストとPFIショートリストという名称であったが、2013年からはPFI以外の事業にも拡大するため、それぞれPPPロングリスト、PPPショートリストに改称している。(図表2－13)

　ロングリストは「PFIを始めとするPPPによる事業化の可能性がある事業」とされている。具体的には、福岡市政策推進プラン(実施計画)に位置付けられた施設整備を伴う事業である。政策推進プランはマスタープランに類似したものであり、ロングリストに掲載された事業は実施に向けて政策的な意思決定がなされた事業と言える。ロングリストでは、事業内容と同時に担当部局やスケジュール、民間に期待する要素なども公表される。

　ロングリストに掲載された事業に対しては、民間企業は随時個別のプロジェクトを提案でき、これを「事業発案」と呼んでいる。民間企業は事業所管課等に事前に相談した上で、概略提案を提出する。概略

図表2－13　福岡市のロングリスト・ショートリスト(2017年度版)

ロングリスト	ショートリスト
市営住宅の建替	第2期展示場等整備事業
都心周辺部駐車場の確保	高宮南緑地整備・管理運営事業
学校の校舎等の建替	西部水処理センター下水汚泥固形燃料化事業
下水道事業(耐震化、高度処理等)	早良地域交流センター(仮称)整備事業
水道事業(浄水場再編、排水管整備等)	学校給食センター再整備事業
公園等の有効活用	拠点文化施設再整備事業
セントラルパーク構想の推進	博多区庁舎等再整備事業
アイランドシティはばたき公園	ウォーターフロント地区再整備の推進

(出所)福岡市ホームページ

提案は公共サービスへの実施効果、提案内容の具体性、事業としての妥当性等の評価を含むが簡単なものでよいとされ、提案の受付からおおむね2か月以内に採否を回答することとされている。

　もう一つのショートリストは、「PPPによる事業化の方向性が決定し、予算措置が行われた事業（プロジェクト）」である。ショートリストは4月に公表され、原則として6月末が民間提案の提出期限となる。福岡市は、ショートリストに対してはPFI法第6条の民間提案制度に基づく提案を募集するものとしている。したがって民間企業は実施方針の案を提案することとされている。民間の提案した実施方針案は、一次審査・本審査を経て採否が決定され、採用された場合には実施方針に反映され正式な事業（プロジェクト）として立ち上げられることになる。

　福岡市は、民間からの提案をゼロベースで受けるのではなく、市の検討状況に応じた提案募集を行っていると言える。このため、ロングリスト、ショートリストを毎年度改定している。

　ロングリスト・ショートリストに対して提案した場合のインセンティブはいずれも設けられていない。福岡市は「PPP/PFI民間提案等ガイドブック」において、応募者の競争環境を重視する意向を示している。それでも本制度は民間事業者から一定の評価を受けている。理由の一つは提案対象を明確にした市の情報開示とオープンな姿勢である。福岡市はPPP事業の取り組み件数が多いため官民協働の意識も高く、民間が提案しやすい環境が整備されていることが背景にある。その意味では、苦労してPPP事業を積み重ねてきた成果と言える。もう一つは、民間が中長期の見通しを持ちながら提案を考えられることである。民間事業者はロングリストを見て今後の事業の取り組み方針を定めることができる。民間提案をただ待つのではなく、市としての明確なターゲットを示す点が事業投資の計画性を重視する民間のマインドと整合している。

③　民間提案による事業化例

　民間提案により事業化した例に福岡市水上公園整備運営事業がある。水上公園は幹線沿いの水辺に位置し、昭和天皇御成婚記念事業として整備された経緯を持つ等、都心のシンボル的空間でありながら利用者が少ないという課題を抱えていた。市は再整備にあたり、賑わい創出や回遊性の向上を図りたいと考え、事業条件を固める前に民間からの事業提案を募集した。

　市の計画を提示した上で、水上公園内に設置する休養施設とイベントに関する提案を求めたが、民間の自由なアイディアを重視するため、施設規模や配置等の事業条件は緩やかにした。また、単なるアイディアとならないように、提案の実現可能性を担保する事業収支の提案も求めた。これに対して、六つの事業提案があった。中には、ランドマーク性のある建築物や戦略的な情報発信等、市が想定していなかったアイディアも含まれていた。

　市は提案内容の採否を検討した上、事業決定し募集条件を取りまとめ、事業者選定を開始した。事前の民間提案の募集を含む対話を踏まえて、民間事業者の業務範囲の設定等を行った。結果として最終的に選定されたのは提案者とは異なる事業者となったが、市は民間アイディアを取り入れることで、市のニーズに高いレベルで合致する事業が実現できたとしている。

　大型事業でも民間提案制度を活用している。特に注目されているのは、アジアから日本への玄関口として需要が増大するウォーターフロント地区の再整備事業である。増加するクルーズ船の受け入れのために埠頭を拡張・再整備するとともに、ホテル、展示場等を整備し、アジアの中で存在感のあるウォーターフロントとなることを目指すとしている。

　この事業では、まず市が「再整備の方向性」として、再整備にあたり目指すもの、ゾーンごとの整備の方向性、短期的な取り組みと中期

的な取り組みからなる整備の手順等を示した。これを踏まえ「計画提案公募」を実施し、ウォーターフロント地区全体の土地利用のゾーニング、公共的空間の配置、短期事業化区域での施設整備内容、交通計画、事業手法や事業性等を求めた。公募に対して19件の提案が行われ、提案の採否と事業化に向けた検討を進めている。実現すれば、将来の福岡の顔となるエリアを官民協働で実現する先進事例となるだろう。

④　プラットフォームを通じた案件形成

　もう一つ、福岡市が力を入れている取り組みがPPPプラットフォームである。福岡市のPPP事業への地場企業の参画を促すことを目的とし、ノウハウ共有を主眼に2011年に設立された任意団体だ。設計、建設、維持管理、運営に関係する市内の企業のほか、地元地銀を含む金融機関が参加し、セミナー形式で事例研究やネットワークづくりを進めてきた。

　市は3年が経過しノウハウの共有がおおむね達成されたと判断し、2014年から官民対話を重視する運営へと方向転換を図っている。具体的には、市がロングリスト・ショートリスト掲載の事業の概要や検討中の事業の説明を行い、意見交換の場を設ける等の活動を行っており、民間提案を促進する場としての機能を発揮し始めていると評価されている。

　ここまで述べた通り、福岡市は試行錯誤しながらも民間提案を取り入れるための取り組みを改善・多面化してきた。その成果もあってPPP事業の件数が着実に積み上がっている。民間事業者からの評価も高く、今後もロングリスト・ショートリストによる民間提案の取り込みが進んでいくものと期待される。しかし、民間にとって提案の負担が増大傾向にあり、事業発案・提案に対するインセンティブの検討が課題と言える。

Ⅱ　財政負担軽減を重視する横浜市の取り組み

①　共創フロントで民間提案の窓口を一元化

　横浜市も福岡市と並んで PPP・PFI 事業の件数が多い自治体である。高度成長期の急激な人口増加の時代に多額のインフラ投資を行ったことから、実質公債費比率が 17.0％（平成 27 年度）に達し、政令指定都市平均の 10.9％と比べて高水準にある。

　加えて、近年は高齢化による扶助費等が拡大し、ふるさと納税による税の流出が続く等、財政が厳しさを増している。そうした状況でも公共サービスの充実を図るため、PPP・PFI に力を入れている。

　横浜市の PPP・PFI の取り組みの中核をなすのは、横浜市の民間提案の窓口となっている共創フロントである。民間事業者は共創フロントを通じて担当部局への事業提案ができる。

　提案には三つの形式がある。

　一つ目は「テーマ型共創フロント」である。横浜市が提案を求めたいテーマを設定し、それに対する提案を求める。事業の実施を前提として事業アイディア等を求めるケースと、横浜市が今後事業を検討する材料として提案を求めるケースがある。提案を求めるテーマは多岐にわたっているが、大規模イベントに合わせた活性化事業や、コミュニティバスの利用促進、高齢者の外出促進など、ソフト的な事業が多い。

　二つ目は「フリー型共創フロント」である。テーマを特に設定せずに、民間企業が自由に提案できる。民間企業が行政に提案したいアイディアがあっても、担当部局が分からないケースが少なくない。そこで共創フロントは提案内容から担当部局を割り出し、担当部局と民間の対話の場をアレンジする。対話の場においては議論をファシリテーションし、提案に対する採否を確認して提案者にフィードバックしたり、必要な場合は事業化検討にも参加したりするなど、官民対話のフォロー役を担っている。

三つ目は「包括連携協定」である。特定の事業に限らず、幅広い分野で横浜市と連携し、地域活性化や市民サービスを目指すものである。例えば2012年5月にはイオンと包括連携協定を締結、イオンリテールが運営するWAONカードを活用して横浜オリジナルの電子マネー「ヨコハマみらいWAON」カードを発行し、買物額の0.1％を環境保全活動に寄付する取り組みや、イオン店舗で絵本の読み聞かせ会を開く等の子育て支援等を行うとしている。

②　財政支出を伴わずに実施する事業が大半

　幅広く民間提案を取り入れる横浜市だが、実現している事業の大半は横浜市の財政支出を伴わない事業である。横浜市は定住人口に加え観光客等の交流人口も多く、全国、あるいは世界に発信できるブランド力もある。民間企業から見ると横浜市の発信力は魅力である。民間企業が横浜市に提案する事業は、横浜市というフィールドを使って事業を行うことによる情報発信効果や市民への企業イメージの浸透等、いわば広告効果を期待しているものが多いようだ。

図表２－14　横浜市フリー型共創フロントから実現した事業の例

提案企業	名称	概要
株式会社ポケモンコミュニケーションズ	西区民まつりでの連携	ポケモンセンターヨコハマとの連携によりピカチュウが西区民まつりに出演。同まつりの40周年記念企画として「ピカチュウと写真を撮ろう！」を開催。
株式会社横浜DeNAベイスターズ	横浜公園へのデザインマンホールの設置	横浜公園内の下水道マンホールの取り換えに合わせ、ベイスターズのロゴのマンホールカバーを同社が制作し市に提供。公園内17か所のマンホールに設置。
株式会社ゼンリン	災害発生時を想定した下水道管実地調査訓練における連携	大規模地震発生の際に下水道機能の早期復旧を目指す下水道BCPの訓練の一環として、同社の電子住宅地図に下水道管情報などを重ねた電子地図を連携して作成。下水道管実地調査訓練で使用し、その効果と有効性を確認。

（出所）横浜市共創フロント実現案件リストより作成

横浜市はネーミングライツにも積極的に取り組んでいるが、これも横浜市の持つ資産を広告塔として活用するという意味で構造は同じである。現在八つの公共施設でネーミングライツを導入しており、その収入は年間２億円以上に上る。得られた収入は対象となった公共施設の維持管理費に充当されている。

　横浜市の事業は財政支出を伴わないことを前提としているため、事業の柔軟性が高く、迅速な事業実施が可能という利点がある。一方で、小粒な事業が多いという印象は否めない。また、民間にとって横浜市のブランド力を利用できるとはいえ、使えるフィールドに限りがある。例えば、ネーミングライツでは、民間が使いたいと感じる公共施設の多くは実施済みで、工夫の余地はあるものの、大きな拡大は期待できない。

　こうした限界はあるが、民間にとっては幅広い提案を行うことができ、門前払いされることなくアイディアを話し合える点は意義がある。今後のさらなる展開を期待したい。

③　２段階のサウンディングを制度化した公有地活用のシステム

　民間提案による事業化を積極的に進めているもう一つの事例は、公有地活用である。これまでも行政として利用用途がなくなった土地について、民間による有効活用を推進してきたが、市の内部で十分に検討したつもりで公募しても応募者がないという事態に陥ることがあった。そこで、公募の前段階で民間の意見をサウンディングし事業条件に反映することを制度化したのである。

　公有地活用の性格から、サウンディングは大きく二つの段階に分けられる。最初の段階はサウンディング調査で、公有地の有効活用のアイディアそのものについて提案を求める。用地の規模、用途、周辺の特徴、さらには行政が考えている地域の課題等をもとに、自由に提案できることが特徴である。そして次は、市が公募条件の案をまとめた

上で、事業条件について民間からの意見を求める段階である。

　横浜市では公有地活用におけるサウンディング調査の有効性の検証と課題を整理するためのモデル事業として、2011年に「戸塚区吉田町土地有効活用事業」を実施した。対象は、JR戸塚駅から徒歩3分の好立地にある約4,300平米の土地だ。当初から市が検討していた、売却可能か、定借とする必要があるか、また地域の課題となっている保育所を民設民営で設置できるか等について民間企業へのサウンディングを行った。

　サウンディングで重視したのは、公平性、透明性、柔軟性である。まず、公平性を担保するため幅広い企業にサウンディング調査への参加を呼びかけた。対話は1グループ30分と定めたが、限られた時間で効率的な対話を行うため、市が事業化にあたり懸念している事項を具体的に提示し、民間企業から見て「事業として成立するかどうか」を把握した上で、現実的な土地利用の方法を探るという目的が明示された。

　呼びかけに対して18のグループから申し込みがあり、対話後には論点ごとの調査結果の概要を公表した。これを見ると、例えば、市はサウンディング調査の結果、民間による保育所設置の規模を100人から60人に引き下げている。その背景には、民間から保育所の規模の条件を60人以上に引き下げることが望ましいという意見があったことが分かる。民間からの意見に基づいて事業条件を設定したことが検証でき、透明性が確保されている。

　柔軟性の観点では、サウンディング調査はあくまで公募前の意見募集であり、サウンディング調査への参加は最終的な事業者公募時の参加条件にならないとした。それでも18グループの応募があったのは、最終的な事業条件が確定する前に意見を伝え、市のニーズを対面で直接確認できることに魅力を感じる民間企業が多いからだろう。

　サウンディング調査を経て、用地を売却する方針を定め公募したと

ころ、最終的に7グループから応募があり、約12億円で売却された。価格だけでなく、民間保育所に加え、学童保育のスペースや近隣住民も利用できるコミュニティスペースが確保されるなど、市のニーズにかなう点が評価されたとしている。

④ 今後の課題

　2011年に実施されたもう一つのモデル事業は旭区旧ひかりが丘小学校の土地・建物の有効活用であり、市は有効活用の用途について幅広く民間のアイディアを求めた。戸塚区吉田町の事業でのサウンディングが、活用の方向性が概ね決まった事業の条件の検討を目的としていたのに対し、旭区のモデル事業では活用の方向性そのものについて民間の提案を求めた。市街化調整区域に立地する等制約条件がある中、二つの提案が得られ、市は提案を参考に今後の事業化を検討するとしている。

　二つのモデル事業を経てサウンディング調査の有効性が確認され、ここで得られたノウハウがその後の公有地活用で横展開されている。横浜市ではこれまで約40の事業でサウンディング調査を行っており、他の多くの都市が横浜市のシステムを参考に類似の調査を導入するようになっている。

　横浜市の取り組みの特徴は、厳しい財政状況を背景に、財政支出を伴わない事業に民間提案制度を多用してきたことにある。財政支出がないことから迅速な事業化が可能ではあるものの、公共サービスの周辺部の事業が多く、やや物足りない面もある。また、福岡市と同様、提案者はあくまでアイディアや意見を提供するだけで、事業者選定段階でのインセンティブがない。今後より良い提案を引き出すためには、公共サービスの本丸の事業に対しても対話型の官民協働事業を積極的に検討していくことが期待される。

第2章　価値創出型官民協働事業の現状　*125*

Ⅲ　民間提案制度のパイオニアとして改善を続ける我孫子市

①　市民団体も含めた「多様な民」への期待

　我孫子市は都心郊外の典型的なベッドタウンで、都心に通勤するファミリー層が多く住む。民間提案制度を始めた 2000 年中ごろの人口は約 13 万人だったが、この頃の人口構成には団塊の世代である 60 歳前後と 35 歳前後に二つの山があった。60 歳前後の人たちが会社を引退した後のことを考えると、社会で様々の経験を積んだ人たちに地域コミュニティを担ってもらえるのではないかという期待が市にはあった。我孫子市は市民活動が活発な自治体で、2005 年で NPO が 30 以上、市民活動団体が 300 以上存在し、公共サービスの一翼を担う団体もある。

　一方、市の職員構成をみると、同様に団塊世代の職員が多く、2000 年代後半には職員の 4 分の 1 が退職することが見込まれていた。今後の行政運営を考えると、将来の人口減少等を見込んで、退職した職員をそのまま補充するのではなく、計画的にスリム化を進めていく必要もある。そうなると、これまで市が担っていた公共サービスを市が直接提供することは、職員構成から見て困難となる。

　そうした背景から、2005 年 3 月、当時の福嶋浩彦市長は民間提案制度の実施を打ち出した。「民間に任せられるものは任せていく」という趣旨だが、ここで言う民間には企業だけでなく市民団体も含むものと捉えられていた。市民自治の理念を掲げ、公共サービスを担う多様な民を育てていくことを目指したのである。

②　全ての事業を対象として提案募集

　トップダウンで検討が始まった民間提案制度だが、現場は迅速に対応し、市長の宣言から 1 年後には提案募集を開始した。この間、市の行政各部門で、提案の募集とそれを受けるための準備がなされていたことになる。

我孫子市の提案型公共サービス民営化制度の特徴は三つに集約でき
る。

　一つ目は、市が提案の対象となる事業を選定するのではなく、全て
の事業を対象に、民間から「よりよいサービスの提案を求める」とし
たことである。この事業は明らかに市が実施するほうが効率的であ
る、あるいは法的にできるか否か等は敢えて考慮せず、まずは広く提
案を求めてみるという姿勢をとったのである。市の側で民間提案には
適さないと一方的に決めてしまっては、結局市の都合で民間に任せら
れるものしか提案の対象としない従来と同じ枠組みになってしまう。
全ての事業を公表し、提案を受けてから考えるという基本方針を大事
にしたのである。

　二つ目は、市は実施している事業の情報だけを提供し、どのような
内容の事業にするか、また委託方式や民営化等どのような事業スキー
ムを採用するか等は、全て民間からの提案に委ねるとしたことであ
る。事業スキームとしては、各種の委託、指定管理者、PFI、市場化
テスト、民営化などが考えられるが、ここでも民間の自由な発想を重
視した。

　三つ目は、提案する団体の幅の広さである。提案者の資格を、個人
を除く民間企業または団体と広く定義したことで、NPO や市民団体
も事業提案に参画できるようにした。

　こうした方針の下、2006 年 3 月に第 1 回目の提案募集を開始した。
提案に際して、市は自らが実施している 1,131 事業について、事業
名、事業内容、人件費を含めた事業費、目標、担当部課を公表した。
民間団体はこのリストの中から提案したい事業を見つけて担当課にヒ
アリングを行い、提案内容を考えることができる。

③　累計で 100 件以上の提案を審査し、半分以上を採択
　2006 年 3 月に第 1 回目の募集を行ったところ 79 件、次年度に実施

した2回目の募集では6件、合計85件の提案が寄せられた。

　提案者の属性を見ると、企業が64件、NPOが15件となっており、このうち6割は市外の団体からの提案である。その後、提案の取り下げ等があり、66件について審査を行った結果37件が採用に至った。枠を設けない自由な提案としては高い採用率と言える。

　提案審査は3段階で実施された。まず予備審査として、担当部課が法的制限や委託・民営化にあたっての問題点を整理した。次に分科会審査として、対象となる業務の内容に精通した専門家や市職員で構成される分科会で分野別の専門的な視点から事業の実施可能性を審査した。最後は外部有識者3名を含む5名の委員によって構成される提案審査委員会を開催し、提案内容の詳細な審査を行った。官民の役割分担は適切か、効率的で質の高いサービスが提供でき市民サービスの向上が図られるか、経費の節減につながるか、地域の活性化につながるか等を審査し、市が実施するよりも市民にとってプラスと判断した場合には積極的に委託化・民営化を進めていく。

　37件の採用された提案のうち、5件は随意契約により実施した。提案内容に提案者独自の工夫・アイディアが盛り込まれている場合は創意工夫を尊重して公募を行わず、提案者を事業実施者として選定することとしたのである。随意契約となった例に妊婦健康教室がある。従来は保健師が行っていたが、市の助産師団体から提案が出された。妊婦が対象なので保健師より助産師のほうが高い専門性を持っている、市の事業では実施していなかった土曜日にも教室を開催する、従来に比べて費用は3分の1程度で済むという提案であり実施内容も創意工夫に富んでいた。我孫子市が実施した事業の中でも、最も効果の高い事業の一つとなった。

　随意契約となった5件を除く32件については、提案者以外にも当該事業を担うことができる複数の事業者がいると判断されたため、改めて事業者選定のための競争入札を行った上で民間による事業とし

た。

　２年間の提案募集を経て課題も見えてきたため、市は 2008 年から２年かけて制度の改善を行った。特に整理が必要とされたのが、提案者に対するインセンティブである。試行事業では結果的に随意契約となった事業があるが、これは提案者のやる気を高め、より良い提案を引き出すため、採択に至った提案については競争入札を経ずに提案者と契約する方針を明確にしたからである。また、民間の提案作成を支援するため、各課に事業内容の説明や実務部署との連絡を行う担当者を配置したり、提案作成について担当課と総務課、市民活動支援課が情報提供やアドバイスを行う等の体制を整備した。（図表 2 – 15）

　民間提案というと民間に任せきりでいいと思われがちだが、市の実情に即したものでなければ採用には至らない。そのために市と提案者が話し合い、提案を作り込み、提案内容の実現性を高めるプロセスを導入し、制度そのものの実効性を高めた。選定基準についても明確化し、判定結果も採用、継続協議、不採用の３分類とした。継続協議とは、採用に至らないまでも実施することで市民に大きなメリットがあると審査委員会が判断した提案に対する判定である。継続協議となった提案は、期限を設けて市と提案者が実施に向けて調査、研究、協議を行うこととした。

　こうした制度改善を経て 2009 年に再開した３回目の募集では 15 件の応募があった。その後は毎年募集を実施しており、平成 27 年度までに合計で 124 件の提案がなされ、103 件が審査の対象となり、55 件が採用に至っている。

④　建物の維持管理も民間提案を契機に包括化

　我孫子市の民間提案制度からは、他の自治体のモデルとなるような新しいスキームも生まれている。公共施設の包括管理である。我孫子市の提案制度は民間の自由な発想を重視しているが、事業の範囲につ

図表２−15　提案型公共サービス民営化制度のフロー

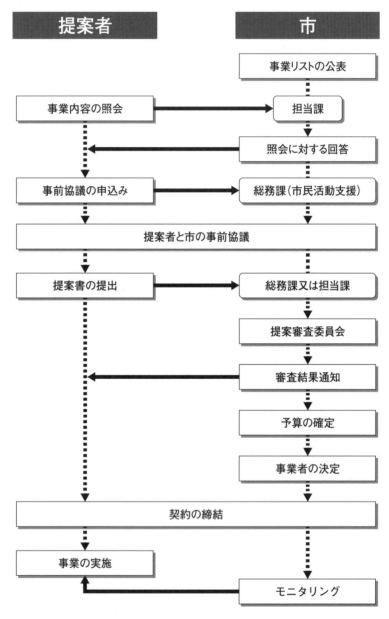

（出所）提案型公共サービス民営化制度平成26年度募集要項
　　　　（我孫子市ホームページ資料）

いても同様に自由度を設けており、市が公表したリスト上の事業を複数組み合わせた提案も可能とされている。2014年度の募集では、マンション等の建物を数多く維持管理している大成有楽不動産が、公共施設の維持管理に自社のノウハウを活かせると考え提案の検討を開始した。

　同社が市の各課の施設管理担当者にヒアリングしたところ、いずれの担当者も同様の問題を抱えていた。まず、修繕の予算確保である。市の厳しい予算制約の中で、修繕計画を作っても予防修繕のための予算が確保できず、結局壊れてからでないと修繕できない状況にあった。長期的な計画に基づく維持管理ができず、場当たり的な修繕に終始していたのだ。しかも、同じような建物の維持管理でも、所管課ごとの担当者が別々に修繕を実施するという非効率な業務が行われていた。

　そこで、課ごとに縦割りで管理、発注されている維持管理業務を一元化し、提案者が包括的に維持管理業務を受託するという事業方式を提案した。専門知識が必要で予防保全の必要性が高い設備を対象とすることとし、昇降機、空調、浄化槽などを抽出した。維持管理の方法については、24時間体制による緊急対応、報告様式の統一、市内業者の積極的な活用などが提案された。さらに、定期的な施設巡回サービス、修繕計画の立案と市の予算要求業務のサポートも加えられた。後者の業務は、定期点検等に加えて年1回の劣化状況の診断を行い、向こう2〜3年の修繕計画を立案した上で、次年度に優先して実施すべき項目をまとめるという内容であり、限られた予算の中で統一的な考え方に基づき、優先的な予算付けを行うアセットマネジメントを取り入れることに繋がった。こうした提案を受け入れたことで、業務の効率化はもちろん、施設の維持管理の品質を向上させることができた。

　我孫子市の民間提案制度は導入が早かっただけでなく、提案の範囲

や自由度、採択率の高さ、民間の提案作成に対する市の支援やインセンティブ付け等踏み込んだ制度になっている。結果として、優れた成果にも結びついている。しかし、今後、公共施設の老朽化の進行や人口減少を見越したまちづくりが不可避であることを見据えると、施設の更新や統廃合という規模の大きな事業でも民間のアイディアを取り込んでいくことが求められるようになる。ここまで施設整備を伴う事業の実績はないが、提案の自由度やインセンティブを維持したままで、新たなステージに取り組むことが期待される。

第3章

地域の価値を創出する官民協働

① 進化する元祖イギリスの PFI

① サッチャー政権下での「構造的な」構造改革

イギリスでは、1979 年にサッチャー政権が誕生すると、「揺り籠から墓場まで」と言われた高福祉国家の中で弛緩した社会の仕組みに次々と大鉈が振るわれた。まず、1980 年代の前半に手をつけられたのが国営企業の民営化である。航空会社、鉄道、水道、石油といった資源・インフラ分野だけでなく、自動車会社までも国営化された。当時のイギリスでは行き過ぎた高福祉政策で社会全体の効率性が低下し、強力な労働団体が政策運営にも影響を与えていた。国営企業が効率の低い事業運営で巨額の負債を築き、過激な労働運動を展開していたのは、民営化前の日本の国鉄に共通した状況と言える。サッチャー政権は非効率な事業運営、改革への反対勢力の本丸を切り崩すことで改革を始めたのである。

改革の構造から見ると、国営企業の民営化は官と民の担当領域の引き直しと捉えることができる。そこにメスを入れた後、1980 年代の中盤に行われたのが、官の領域の中にある業務のアウトソーシングである。施設管理や廃棄物処理施設の運営等、幅広い分野の業務が民間に委ねられることになった。ここで行われたのは、公共が担う事業における自治体職員が取り組むべき業務の絞り込みと言える。アウトソーシングに続いたのは、1990 年代の末に行われたエージェンシーである。日本の独立行政法人の雛形になった仕組みであり、行政組織を民間企業のような目標管理の下で運営するための制度である。そして、1980 年代の末から試行的なプロジェクトが手掛けられ、1992 年に正式導入されたのが PFI である。PFI がオフバランス手法であるかどうかについては議論のあるところだが、公的な資源やバランスシートを拡大せずに、公共サービスへの新たなニーズに対応するため

の政策であると言える。

　ここで重要なのは、サッチャー政権下（PFIが正式導入されたのは次期政権下）での一連の改革が、大規模な企業の再建にも通じる戦略的な構造となっていることだ。複数の事業を営む大企業が業績不振に陥った場合、まず始めに行うのは、事業範囲を再定義し、事業部門の売却などにより対象外の事業を切り離すことだ。国の構造改革であれば民営化に当たる。新しい事業範囲が定まったならば、当該範囲の中で職員のやるべき業務を絞り込む。イギリスの構造改革ではアウトソーシングに当たる。事業範囲と業務の所掌が決まったならば、組織の管理を厳しくする。エージェンシーに相当する取り組みだ。そして、常に変化する市場のニーズに応じて事業や設備を拡張する場合に、できるだけバランスシートを拡大しないように事業体制を整備する。構造改革の中でのPFIに相当する取り組みと言える。（図表3－1）

　民営化、アウトソーシング、エージェンシー、PFIは各々単独でも効果のある施策だが、実行の順序によって構造改革全体の効果が大きく変化する。サッチャー政権下での改革でイギリスが市場経済の国に

図3－1　イギリスの改革の構造

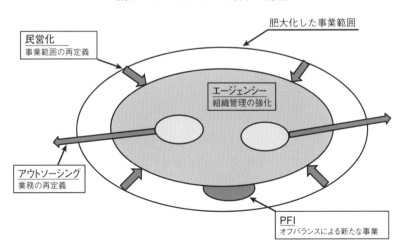

生まれ変われたのは、個々の施策もさることながら、戦略的なグラン
ドデザインによるところが少なくない。イギリスに学ぶべき第一の点
は、改革しなくてはならない社会の構造を見極め、論理的に解決策を
考案して実現のためのアプローチを考え、着実にやり抜く、論理性と
実行力と言える。日本の国鉄民営化はイギリスの民営化と比べても高
く評価されるべき成果を上げたが、イギリスのような構造的な政策ア
プローチはなかった。

② 継続する PFI の推進と改善

　PFI 施行後、イギリスでも日本と同じように、各種のガイドライン
の提示、制度改正等が継続的に行われた。1993 年には財務省が PFI
の基本的な考え方を示した政策ペーパーを提示し、1995 年には PFI
導入のハンドブック「Private Opportunity, Public Benefit:progress-
ing the Private Finance Initiative」が策定された。

　1997 年に労働党政権になると、全ての公共事業に PFI 導入の検討
を義務付けるユニバーサルテスティングが廃止され、それまでの保守
党政権下での PFI の見直しが行われた。その結果発表されたのがい
わゆる「ベイツ報告」であり、PFI を効率化するため施策が、組織形
態、プロセスの改善、ノウハウの蓄積、入札コストの改善として提言
された。そうした流れの中で施行されたのが、中央政府から地方政府
の PFI 事業に対して支給される補助金、PFI クレジットである。PFI
クレジットにより教育分野を始めとする分野で、地方政府の PFI 事
業の立ち上がりが加速した。

　この時期に立ち上げられた注目すべき事業が、BSF（Building
Schools for the Future）である。BSF は教育分野の施設の充実を目
標に掲げた労働党政権下で、老朽化したセカンダリースクールへの投
資を進めるために作られた官民協働の事業スキームである。BSF で
は、まず、自治体が協働事業のパートナーとなる民間事業者を選定し

136

てパートナーシップ契約を締結する。その上で、自治体、国が作った投資ファンドが各々10％、民間事業者が80％を出資してLEP（Local Educational Partnership）を設立する。LEPは地域のエレメンタリースクールの更新のための長期計画を策定した上で、施設更新のためのPFIやDBによる事業を立ち上げる。

BSFは学校施設を効率的に更新できるだけでなく、特定のスポーツに対応した施設や視聴覚教室あるいは環境教育のための機能を地域として整備し最適に配置する、などにより地域としての教育基盤を向上させるといった成果が出るとされる。（図表3－2）

BSFの優れたところは、計画段階から民間事業者の知見を導入し、事業の効果と効率性の向上を目指せる点だ。もう一つは、計画を策定するための官民の特別目的会社と施設建設を担うPFI事業を分けることで、各々の施設の整備に適した事業体制が作れることだ。国の機関が特別目的会社に出資することは、地方政府間で方向性が乖離する

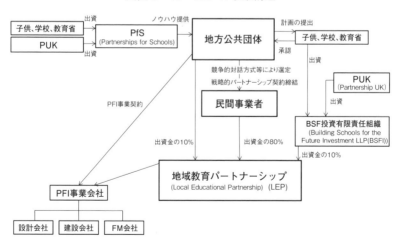

図表3－2　BSFの事業構造

（出所）4Ps: an Introduction to Building Schools for the Future 2008 Edition を一部修正

ことを防ぐのにも役立つと考えられる。

　BSF と同じような仕組みを地域医療の分野に適用したのが、都市部を中心に施設の老朽化と医師不足が問題となっていたプライマリー施設への投資を進めるための事業スキーム LIFT（Local Improvement Finance Trust）だ。LIFT では、国の HA（Health Authority）の管轄ごとに（一自治体より大きい）、官民協働事業のパートナーとなる民間事業者を選定して LIFT　Co と呼ばれる官民共同出資会社を設立する。LIFT　Co は HA の管轄地域内のニーズに応じてプライマリーケアのための施設を整備し、医師に貸して賃料収入を得て投資を回収する。こうして民間のノウハウによりプライマリーケアの施設を効率的に整備するだけでなく、民間事業者の複合開発のノウハウを活かして、介護施設、女性や子供向けの福祉施設、低所得者向けの公営住宅等を一体的に整備し、医療・福祉の地域の拠点づくりにも貢献するとされる。

③　BSF、LIFT の方向性を引き継いだ PF 2

　2010 年に保守党政権に戻ると、それまでの PFI 事業の評価が行われると共に、リーマンショックによって高止まっていた民間セクターの資金調達コストへの対策などが検討された。これにより、PFI クレジットや BSF や LIFT のための制度が廃止された。背景には、政権交代による前政権の政策の見直しだけでなく、厳しい財政運営の中での予算の縮小などもある。こうした PFI 改革のための評価・検討を踏まえて、2012 年、PFI の新たな政策方針「A new approach to public private partnership」が示された。新たな方針は「PF 2」と呼ばれ、以下のような改革方針が含まれた。

　　・公共の資本参加及び外部投資家の呼び込み

　　・調達のスピード化

　　・柔軟なサービス提供

・透明性の向上

・適切なリスク分担

・新たなデッドファイナンス（借入金融）

　これらのうち注目されたのは政府の出資だ。PPP事業会社のマジョリティは民間が握るものの、公共側が株主として参加することで、公共側にとって事業の透明性が向上し、意見を反映することが容易になる。事業の信用力が増してリーマンショック以来、低下していた資金調達力が改善すれば公共側としてVfMの向上も期待できる。また、一部のPFI事業で問題になっていた事業の安定性も、政府出資により調達資金に占める資本金の割合を高めることで改善が期待できる。

　PF2に基づいて立ち上げられたのが、地方政府が保有する公有地を活かして公共施設、住宅、地域の活性化に資する商業施設等を整備する官民協働事業、LABV（Local Asset Backed Vehicle）である。ロンドンの南部に位置するクロイドン（ロンドン自治区）はLABVを実施した。まず、カウンシルが公共用地を現物出資し、民間事業者が当該用地と同等の価値の資金を投入して官民50：50のLLP（Limited Liability Partnership）、CCURV（Croydon Council Urban Regeneration Vehicle）を設立した。CCURVは公有地の資産を信用力に資金を調達し、施設ごとに新たなLLPを設立して公共施設、民間施設を整備する。公共施設についてはPFI事業と同様のスキームでカウンシルが利用料等を支払う。また、CCURVが得た資金は返済に充てられる他、将来の再投資や用地取得などに向けられる。（図表3-3）

　こうした事業スキームによって、地方政府は民間事業者の開発ノウハウを取り込み、地域の価値を高めることができる。クロイドンカウンシルはロンドン周辺の有力な地域でありながら、ロンドン市内やドックランド地区の開発で相対的に地域としての競争力を低下させていた。そこで採用された事業方式は地域の価値向上を目指す日本の自

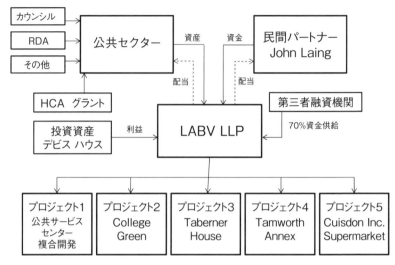

図表3－3　CCURVの事業構造

（出所）CCURV資料を一部修正

治体にも参考になるはずだ。

　政府が出資するというPF 2の事業構造はBSFやLIFTと同じであるため、PFI関係者は政権交代により事業構造が大きく変化したと捉えなかったとされる。ただし、PF 2の事業スキームはBSFやLIFTに比べて、政府の出資により資産形成の構造を改善しようという姿勢が明確になっている。保守党と労働党という政権の価値感の差に加えて、リーマンショックという大きな経済的ショックの前後での政策姿勢の違いも反映されていると考えられる。いずれにしても、政権が変わっても、官民が共同出資するという事業構造が選択されたことは注目される。

④　イギリスに学ぶ点

　BSF、LIFT、LABVはいわゆる第三セクターの一種であるが、日本の第三セクターとは本質的に異なる面がある。政策の経緯から見

て、日本の第三セクターは公共側が支配権を持つことを前提にスタートしている。補助制度、公的な施設の管理運営の資格等についても、そうした性格の第三セクターを対象としている面があった。これに対して、BSF、LIFT、LABV は公共側が出資はするものの、事業の主体はあくまで民間であり、公的な出資には資金調達構造の改善、公共側から見た透明性の向上、政策の反映といった事業運営上の目的があった。サッチャー改革以来、長い時間をかけ、段階を踏んで官民協働の知見を積んできたことの成果と言える。

　ここまでの流れを振り返ると、イギリスの PPP の歴史について次の４点を指摘することができる。

　一つ目は、社会的な変革が求められた時に、大胆かつ徹底した改革を実行できたことだ。1970 年代末、かつての大英帝国の栄華が落日を迎えようとしていた時代に、サッチャー元首相のような徹底した改革を進められる人材を国のリーダーに選ぶことができた。それが、イギリスが今でも世界の政治、経済の大国の一角を担っている大きな理由だ。近年になって、サッチャー元首相への批判も出てきているが、国が危機にある時、過激とも思える人材をリーダーに掲げられるところにイギリスという国の強さがあることは確かだ。日本の歴史には見られなかった点だ。

　二つ目は、改革が構造的に行われてきたことだ。イギリスの改革の歴史を見ると、少なくとも二つの点で極めて優れた改革の構造を見ることができる。一つは、本項で述べた、大企業の再建にも通じる、民営化、アウトソーシング、エージェンシー、PFI と連なる改革の構造だ。もう一つは、第１章後半で述べた官と民の協働の進化の構造だ。いずれも社会心理、あるいは改革の中にいる人間の心理や知識を見抜いた見事な構造と言える。日本も、民営化、PFI といった個別の政策では独自の成果を上げているが、複数の政策をまたぐ構造性を見るこ

第3章　地域の価値を創出する官民協働　*141*

とはできない。それが日本とイギリスの成長率の差となって表れている面があるのではないだろうか。日本はイギリスの構造的な改革の全体プランが何時、誰の手によって、どういった理由で描かれたのかを学ぶ必要がある。

　三つ目は、政権交代に関わらず、PFI に関する改革が継続されてきたことだ。上述したように、PFI 導入以来、労働政権下、保守党政権下で PFI 関連の制度の改正や事業環境の整備が繰り返されてきた。政権が変わるたびに、前政権下での施策が払拭された面もあるが、いずれの政権下でも、時々の経済・社会情勢と PFI の実施状況を踏まえ改善が図られてきた。日本でも PFI については各種のガイドラインが提示され、公共事業・公共サービス関連の制度・政策が、PFI が実施し易いように改定されてきた。また、自民党、民主党と政権が変わっても、PFI を推進する姿勢は保たれてきた。

　四つ目は、PFI が構造改革の中核的な事業手法となってきたことだ。サッチャー政権下で用いられた事業手法の中で、PFI は最も多くの検討、改善が講じられた事業手法となった。その理由は、官と民の役割、資産形成、資金調達など、公共事業、公共サービスを改善するための切り口が最も多く含まれているのが PFI だからではないか。日本でも他の政策に比べ PFI は最も多くの検討が行われてきた。PFI 法のボリュームは当初の数倍になり、PPP の受け皿とも言える存在となった点はイギリスと共通している。

　日本がイギリスに PFI を学び始めてから 20 年の時が経った。この間、日本も実績と知見を積み重ねてきたが、本項で述べた点を踏まえると、官民協働についてはまだまだイギリスに学ぶ点が多くありそうだ。

❷ 独立から半世紀でアジアの富裕国となったシンガポール

① 前途多難な船出となった独立

　1965年、マレーシアと袂を分かつように都市国家として独立した時、700km²程度（東京都23区より若干大きい程度）の国土と200万人弱の国民しか持たないシンガポールの先行きは、とても楽観できるものではなかった。他の東南アジア国家のように天然資源に恵まれている訳でもなく、国民を養うための農地も十分ではない。水にも事欠き、マレーシアから給水を受ける状況にあった。

　シンガポールの初代首相となったリー・クアンユー氏は、「我々にあるのは、戦略的な立地条件と、立地条件を活かすことのできる国民だけだ」と語ったとされる。19世紀にイギリスがシンガポールを植民地にしたのは、インド、オーストラリア、中国などの中継拠点として利用することが一つの目的だったから、シンガポールの生きる道を国際的な交通の拠点という立地条件に託したのは妥当な指摘だ。また、リー・クアンユー氏自身がイギリスの大学で教育を受けたように、イギリスの植民地政策の残した一つの遺産が、英語が話せる教育を受けた国民であったのも確かだ。

　以降のシンガポールの目覚ましい発展は、この時リー・クアンユー氏の指摘した戦略の賜物とも言える。

② 国際的な立地を活かした戦略投資

　「戦略的な立地条件」に根差した政策の第一は、国際的な物流、交流基盤の整備だ。元々天然の良港を持ち、イギリスが国際戦略の拠点としたように、港湾はシンガポールの重要な資産であった。独立後も、シンガポール港は目論見通り国際物流の戦略拠点として発達し、2010年に上海港に抜かれるまで、貨物取扱量で世界一の地位を保っ

第3章　地域の価値を創出する官民協働　**143**

てきた。シンガポール港が国際物流の拠点として発展したのは、地理的な優位性だけでなく、シンガポール政府が港湾機能の整備とサービスの向上に注力してきたからである。

　シンガポール港の整備、運営維持管理を担ってきたのは、1964年に設立されたシンガポール港湾庁だ。国際物流の中心になるコンテナ輸送に焦点を絞り、世界一のコンテナターミナルとなった。1997年には、シンガポール港の国際競争力を一層強化するために、シンガポール政府が出資するPSAコーポレーションとして独立し、2003年にはテマセク・ホールディングスが出資するPSAインターナショナルとなった。PSAは、24時間のテクニカルサービス、危険物などの貨物の取扱いに関するアドバイス、埠頭施設のレンタル、各種の研修などの顧客サービスを展開し、シンガポール港の機能と利用者の評価を高めた。

　世界最大級の港湾運営会社となったPSAインターナショナルは、アジア諸国のみならず、広く欧米にも進出して港湾の運営を手掛けている。日本でも北九州市が計画した響灘コンテナターミナルのPFI事業にも、一時PSAが進出するという話があった。

　近年、港湾以上に世界トップレベルの名声を誇っているのがチャンギ国際空港だ。シンガポールは、セレター、カラン、パヤレバーと空港を変えてきた。いずれも本格的な国際空港としては十分な機能を有しておらず、拡張余地も限られていたため、1970年代にシンガポール島の最東端に整備することが決まったのがチャンギ国際空港である。チャンギ国際空港のある場所は、かつて旧日本海軍、イギリス空軍、シンガポール空軍が使っていた土地でもある。

　1990年代にはターミナル2、2000年代にはターミナル3、2010年代にはターミナル4が開設され、今では年間6000万人近い人が利用する世界最大級の国際空港となっている。チャンギ国際空港の特徴は規模もさることながら、利便性と快適性にある。東京都23区程度の

144

面積のシンガポール島の中にあるので元々都市部との距離が短いところに、都市までまっすぐ伸びる鉄道と高規格道路を整備したため、都市部からのアクセスが圧倒的に便利な空港となった。ターミナル内の移動、税関の効率性も高く、空港利用者の利便性は極めて高い。また、ゆとりのある空間設計、豊富な休憩スペース、店舗、ラウンジ、趣向を凝らしたデザインなどで、空港利用者がターミナル内での時間を快適に過ごせるようになっている。長い間、ビジネスマンを中心に世界で最も評価の高い国際空港としての地位を維持している。

チャンギ国際空港を運営しているのは、チャンギエアポートグループだ。2009年に、シンガポールの空港事業を担ってきたシンガポール民間航空庁のチャンギ国際空港の運営・管理部門が独立し、テマセク・ホールディングスの出資によりできた国策会社だ。チャンギ国際空港を運営するだけでなく、海外の空港の整備、運営も手掛けている。日本でも羽田の国際ターミナルのPFI事業の国際公募に協力会社として参加した。

図表3－4　シンガポール発展の構図

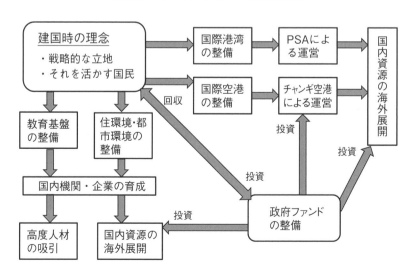

③　立地を活かす人づくりのための投資

　「戦略的な立地条件を活かすことのできる国民」を育てるための政策の代表は教育だ。シンガポールの教育の柱は、英語と民族の母語を学ぶ二言語主義と初等教育から何段階もの選抜を課す徹底した能力主義だ。政府の姿勢に応え、国民の教育意識は極めて高い。最高学府である大学のレベルも高く、シンガポール国立大学は東京大学、中国の北京大学を凌ぎ、アジア最高の大学との評価を得ている。ビジネスマン向けの教育体制にも力が入れられており、シンガポールのMBAコースにはアジア中からビジネスマンが集まる。

　能力主義の教育政策は日本を凌ぐ教育熱を煽る結果にもなったが、一方で、一般国民の生活環境整備にも力を入れている。政府はHDB（Housing Development Board）と呼ばれる国民向け住宅を整備した結果、シンガポールの持ち家比率は9割に達するとされる。街並みについても、整然とした街区整備に植栽を豊かに配してガーデンシティと呼ばれる都市を築き上げた。さらに、国民、来訪者が快適に生活、滞在できるように、建物の高層化、ゆとりがあり利便性の高い道路網や地下鉄網の整備、賑わいのある街並みの整備、テーマパークなどのレクリエーション機能の整備などを進め、業務、居住、商業、都市観光等の機能が世界で最も高密度に集積した都市となった。

　シンガポールの都市開発は、政府の計画の下、政府出資の開発会社、民間開発会社、設計・コンサルティング会社が関わって進められてきた。こうした企業は、シンガポールがガーデンシティとしての名声を獲得して以降、アジアを中心に海外の都市開発事業に積極的に参画してきた。中国では、中国の工業団地のイメージを変えた蘇州工業団地、中国の環境都市のモデルとなっている天津生態城、付加価値産業の集積を目指す広州知識城などに参画している。都市の開発コンセプト、マスタープラン、不動産投資、インフラ整備、都市の運営維持管理と、都市開発の上流から下流までを一気通貫で手掛けられるのが

シンガポールの強みだ。そのための人材も豊富にいる。

④ 弱みを強みに変えた水インフラ

百万人単位の人口を抱えるにも関わらず大きな水源を持たないことはシンガポールの弱みとされてきた。建国以来の弱みを解決するために、シンガポールは多層的な政策を講じてきた。

一つ目は、人工の水源作りである。天然の水源には乏しいものの降水量は多いことを活かして各地に貯水池を整備してきた。シンガポールの観光スポットになっているマリーナベイも近年開発された貯水池の一つである。

二つ目は、水のリサイクルである。下水の処理水を膜技術で処理することにより中水に利用し、近年はさらに殺菌処理を加えて高度処理水「ニューウォーター」を生成し、工業用、一部は貯水池向けとして供給している。

そして、三つ目が海水淡水化である。

現状では、まだ貯水池への依存度が最も高いが、将来はニューウォーターで水需要の半分を賄う計画だ。長年、ジョホール水道を超えてシンガポールに水を供給してきたマレーシアにシンガポールが水を供給する立場にもなるとされる。

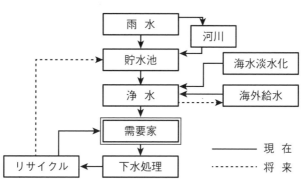

図表3-5 シンガポールの水システム

第3章 地域の価値を創出する官民協働 *147*

シンガポール政府は独特の水インフラを整備するため、膜技術を中心に海外の先端技術の導入と先端技術を持つ企業の誘致を積極的に行ってきた。その一方で、水技術の戦略会社として設立されたのがハイフラックスである。同社は 2000 年代当初に稼働を開始したシンガポール初のニューウォータープラントの建設を手掛けて以来、急速に成長し、海水淡水化も取り込んで海外展開を図っている。上述した中国の天津生態城でもシンガポールの水リサイクルのシステムが導入され中水を供給している。

　世界の水市場では、100 年の歴史を持つフランスのヴェオリア、スエズ等が高い競争力を持ってきた。しかし、今後は中国、インドなどを中心に深刻な水資源の不足が懸念されていることから、世界の水市場でシンガポールが大きな存在感を示す可能性もある。リサイクル技術を取り入れた水システムを整備するには、水源開発、水道管などのインフラ整備、処理技術といった官民の技術、ノウハウの組み合わせが不可欠だ。政府と企業が一体となったシンガポールが強みを発揮できる市場でもある。

⑤　グローバル展開を支える政府ファンド

　インフラ整備、それを担う事業会社の設立、当該事業会社による海外展開というシンガポールの成功モデルを支えるのが、シンガポールのソブリン・ウェスル・ファンド（政府系投資ファンド）、テマセク・ホールディングスである。シンガポールの財務省が全ての株式を保有し、港湾、航空、金融、水、電気、ガス、メディアなどの分野の大手企業に大きな影響力を持っている。シンガポール経済の成長に伴ってテマセク・ホールディングスが株式を保有する企業の市場価値が拡大し、同社の価値も上場した。財務状況は健全で欧米の格付け機関による評価も最高レベルを獲得しており、2017 年に発表された保有資産評価額は 20 兆円を超える。1970 年代に設立された時から資産

148

評価額が 1000 倍も拡大したと言われる。

投資先となったシンガポール企業の価値が上がったことで、一部を売却して得た資金を海外への投資に充て、近年では海外への投資額がシンガポール国内の投資額を大きく上回っている。最大の投資先は東アジアだが、投資の範囲は欧米を含む全世界に広がっており、世界的に見ても優良かつ有力な投資機関となっている。

テマセクより少し遅れ、1981 年に外貨準備を運用するために設立されたのが GIC（Government of Singapore Investment から派生）だ。日本を含む海外の不動産や株式に積極的に投資し、テマセクを超える運用資産を抱えている。こちらも設立時からの保有資産評価額が大幅に拡大した。こうしたソブリン・ウェルス・ファンドの運用益はシンガポールの経済・財政運営に大きく貢献している。

世界有数のソブリン・ウェルス・ファンドを有していることは、シンガポールの海外展開の強力な武器にもなっている。事業運営者と、シンガポールで作られた事業や資産を拡大する、という目的を共有してシンガポールの技術や事業運営能力を求める国に戦略的な投資ができるからだ。事業者から見ると、国際的に高い評価を得ている運用機関の評価を受け、投資事業の成功確率も高めることができる。とかく甘えが出がちな他国の政府系資金と違うところだ。

⑥　新たなインフラでのリードを狙う

自動運転は世界中の政府、企業が注目する次世代の交通インフラ技術だ。交通渋滞や環境汚染あるいは人身事故という社会的な問題の緩和に資するだけでなく、IoT や AI の最大かつ最も高度な市場だからだ。シンガポールはここでも世界をリードするポジションを狙っている。

シンガポール政府は自動運転の実用化に強くコミットしており、2014 年には、自律走行に関する道路交通委員会 CARTS（Committee on Autonomous Road Transport for Singapore）を立ち上げ、国土計画のマスタープランでも2つの住宅開発地を対象とした自動運転車の走行が計画されている。2016年には、公道での自動運転タクシーの実証も始まった。

自動運転には自動車本体に加え、高度な情報通信、分析、センサーなどの技術が必要となるため、産業基盤に限りがあるシンガポールは海外の技術を積極的に導入している。自動運転タクシーの実証では、米マサチューセッツ工科大学生まれのベンチャー、ヌートノミーが車両と制御システムを提供している。大手自動車部品メーカーのデルファイも、シンガポール政府の支援の下、自動運転タクシーの実証を始めた。

有力な自動車会社やIT企業を擁する欧米や日本に比べ、自動運転に関するシンガポールの動きが突出しているとは言えない。しかし、政府の統括力が極めて高く、官民一体となった投資と事業開発力があるため、自動運転技術を使った交通サービスの実装段階で世界をリードする可能性もある。自動運転が実現すれば、利便性の高い空港、鉄道、都市機能都市と結びつき、シンガポールは都市としての競争力と都市という商品の輸出力を一層高めることになろう。

⑦　シンガポールに学ぶ地域の価値創造

独立からわずか半世紀で、一人当たりGDPで日本を抜き、アジアのビジネス・金融のセンターとなったシンガポールには学ぶべき点が実に多い。

一つ目は、自身の価値の焦点を定め、それに忠実に投資を行ってきたことだ。リー・クアンユー前首相はシンガポールの価値を戦略的な立地と人材にあるとした。その後、投資を集中した港湾、空港、教育、都市機能などは、見事なまでにリー・クアンユー氏の指摘と整合している。

二つ目は、時代を先取りした価値の創出に注力したことだ。シンガポールの海外投資が拡大したのは、時代を先取りする価値があったからだ。都市開発の歴史とノウハウでは欧米に対抗できないが、ガーデンシティ、エコシティ、ナレッジシティという都市ビジョンは新しい都市像を求める新興国、途上国を惹き付けた。チャンギ空港では将来の空港のあり方を提示したし、水インフラでは水資源リスクが顕在化することを捉えていた。

　三つ目は、地域の価値を海外に展開したことだ。戦略的な投資によって培われた港湾、空港、都市開発分野の事業資源はソブリン・ウェルス・ファンドの後押しを受けて海外投資に振り向けられ国内に資金を還流させた。早い段階から次元の高い事業目標を持っていたことから、シンガポールは独立間もない時期から、国内で培った資源を海外に展開するというビジョンを描いていたものと考えられる。

　四つ目は、官民が一体となって国の価値創造に邁進したことだ。国内の機能整備と海外展開を主導したのは、テマセク、GIC というソブリン・ウェルス・ファンドと国策企業だ。だからといって、他国の国営企業、国営ファンドのような緩慢な動き、甘い投資判断などは見られない。テマセク、GIC の驚異的な保有資産評価額の伸びは、シンガポールという国自体が巨大なベンチャービジネスのように振る舞ってきたことの証だ。

　以上述べたシンガポールの歴史を他人事と捉えているようでは、日本の地域に未来はない。地域資源を絞り込み、時代を先取りした価値創出に注力し、地域の価値を域外に展開し、官民が一体となって価値創出に取り組むことは、これからの地域の生き残り、価値創出の要点そのものだからだ。

第3章　地域の価値を創出する官民協働　*151*

❸ 次世代PPPのための五つの視点

● PPPの現状

① 価値の域外展開型 PPP

　第 1 章で示した通り、日本の PPP は「第一期：1997 年から 2001年の肥大化した公共事業の改革期間」、「第二期：2001 年から 2005 年の PPP の付加価値向上期間」、「第三期：2005 年から 2011 年までの付加価値停滞期間」、「第四期：2011 年以降の民間主導による事業価値向上期間」を経て確実に付加価値を高めてきた。しかし、人口減少と少子高齢化が本格化し、欧米諸国にアジアの新興国を加えたグローバル競争がし烈になる中、日本の PPP はさらなる進化を遂げなくてはならない。日本の第五期の PPP のテーマは、地域の価値の向上から、これを域外に展開する PPP と位置づけたい。そこで目指すべき姿の一つを半世紀にわたるシンガポールの躍進に見ることができる。

　前節で、シンガポールの成功は、「自らの強みに戦略の焦点を絞ったこと」、「時代を先取りする価値を創出したこと」、「地域の価値を域外に展開したこと」、「官民が一体となったこと」とした。こうした戦略により、シンガポール国内への投資を源とする政府ファンドは保有資産評価額を 1000 倍に高めた。

　地域の価値の域外展開を目指すと公共サービスの収益性の考え方が変わる。

　例えば、上水道事業では水道料金により資産の維持・更新も含めた事業費を賄えれば事業が健全と言うことができた。しかし、仮に事業費と料金収入が収支トントンであった場合、投資事業として見ると回収率はゼロということになる。日本では、公共サービスの料金を高めて収益を得るより、料金を下げて地域住民の負担を減らしたほうが経済の底上げにつながると考えがちだ。間違った考え方ではないが、収

支トントンでは公共サービスを運営する事業者の価値は上がらない。地域が振興するためには、低い料金によって生まれて得られた資金的な余力を事業に振り向けて成長し、地域の価値を高めてくれる事業者がいることが条件になる。地域の事業者に成長する力がないと、経済の底上げ効果も期待できない、公共サービスの事業の価値も増えないという経済的な悪循環に陥る。

　人口の減少が避けられない日本の各地域では、公共サービスを重要な地域の資源と位置づけ、その価値を大きくするという考えが必要なのではないか。昨今のシンガポールの隆盛と日本の地域を比べるまでもなく、公共サービスであっても事業としての成長を目指すことが正しいとの考えを徹底すべきではないか。

②　革新技術の導入

　シンガポールに倣い、日本の地域が価値を高めるためには、まず、自らの強みを定めなくてはならない。日本の地域について共通して言える強みのポイントは三つある。

　第一のポイントは、言うまでもなく技術力である。日本の技術力は世界的に定評のあるところだが、一方で、IT ではアメリカの後塵を拝し、製造業ではアジア諸国の前に劣勢が顕著となった分野もある。今、必要なのは、日本が当面優位性を維持できるのはどのような技術力であるかを把握することだ。

　一部では劣勢になったとはいえ、日本の技術力は少なくとも四つの点でいまだに世界的な競争力を持っている。

　一つ目は、コンポーネンツだ。例えば、スマートフォン本体の競争では負けても、中身の部品では高い競争力を持っている。

　二つ目は、信頼性である。故障が少なく長期間の使用にも耐え得る信頼性は世界中で支持されている。また、丁寧にしっかりと対応する技術スタッフへの信頼はハードウェア以上に高い。

三つ目は、総合力である。新しい施設やシステムを整備しようとする場合、日本ほどあらゆる分野でレベルの高い企業を擁している国は稀だ。国境を超えた提携が当たり前になっても、近いところに企業が集積している価値が落ちることはない。

　四つ目は、意外と知られていないが、カスタマイズ力だ。ニーズ起点の商品力というと欧米企業を思い浮かべるかもしれないが、テンプレートを押し付けるという批判もある。それに対して、日本企業の高い学歴のエンジニアには顧客の意見をじっくり聴いて製品を作る姿勢がある。

③　課題先進国と住民指向

　第二のポイントは、既に言われているように、課題先進国であることだ。財政の悪化、人材不足、地域の衰退といった日本の課題は元を正すと少子高齢化に行き着く面がある。今後は、あらゆる公共サービスが少子高齢化を源とする課題を前提としなくては成り立たなくなる。国内の民間企業も置かれている環境は自治体と同じだから、PPPを導入してもこの前提は変わらない。

　同様の課題について、日本の価値の最大の輸出先となる東アジア諸国は急速なスピードで日本を追い上げている。既に、高齢化と人材不足が顕在化し始めているが、農村、他国からの労働力の供給が続いているため、明確な対策を取っている国は少ない。日本が少子高齢化に根差す課題を前提とした公共サービスの仕組みを作り上げれば、遠くない将来、日本との協働を求める国が出てくるはずだ。

　第三のポイントは、住民サービスに重点を置いてきたことである。イギリスは日本にとってPPPの模範となったが、国の事業を中心にPFI、PPPが発達してきた。これに対して、日本のPFIは第一号案件も自治体の事業であったし、ここまでの実績で見ても自治体案件が他分野を圧倒している。自治体案件が多いことで、日本にはPPPが住

民サービスの価値向上に貢献している例がたくさんある。例えば、中国は道路や発電所といった基幹インフラで日本をはるかに凌ぐ数のBOTやPFI案件を抱えているが、住民向けサービスでの実績は十分ではない。筆者は中国のPPPへの助言を行っているが、日本の自治体による住民向けサービスのPPPへの関心は高い。

　かつての日本がそうであったように、中国や東南アジア諸国は高い成長率が中位安定する時代に入り、国民は経済成長一辺倒の社会から、快適で安定した生活環境を求めるようになった。政府の側も、国民、地域住民のこうしたニーズに応える政策を考えるようになっている。日本に来訪する海外からの旅行者は、どんな地方に行っても、地域がきちんと整備されていることを高く評価する。それは自治体の努力の賜物であり、そのための事業やサービスを主たる対象として進められてきたのが日本のPPPなのである。そうした歴史が競争力を持っていることを認識すべきである。

　以上の点は、ややもすると国としてのPPPの視点に見えるかもしれない。しかし、日本の地域がPPPで価値を高めようとする場合でも、海外から見た価値評価の視点は欠かせない。何故なら、日本の一地域であろうと、今後域内の価値を輸出する先に海外が含まれるようになるだろうし、海外から評価されない価値は国内の他地域からも評価されないようになるからである。また、過去を振り返れば、国内に閉じた視点で地域の特色を見出そうとすることが、些末な違いに目を向かわせ、価値の創造につながらなかったという経緯がある。

　こうした点を踏まえて、次世代のPPP事業を生み出すためには五つのポイントが重要になる。

●次世代PPPに向けたポイント①：先端技術による省人化

　日本では公共サービスの担い手不足が問題になっている。人手不足は今後ますます問題になり、公共サービスの維持が危ぶまれることに

第3章　地域の価値を創出する官民協働　*155*

なる。これまでは自治体より人材調達が柔軟な民間事業者に任せることで凌げたが、今後は民間に委ねられるかどうかは「金次第」になる。人材が不足しているのは民間も同じで、より収益性の良い案件に限られた事業資源を振り向けるようになるからだ。言い換えると、遠くない将来、民間に対して省人化に関する自由度を与えず、コストもかけられない自治体の公募には応募者が集まらなくなる可能性が高い。

　公共サービスの人材不足を解決する方法は先端技術の活用しかない。ゆめゆめ、創意工夫だけで現状を打開できると思ってはいけない。革新技術の中でも、特に、近年注目されている IoT（Internet of Things）を導入することが重要だ。センサー、情報通信技術、ロボティクス技術等の飛躍的な性能向上とコストダウンにより、一昔前よりはるかに安いコストであらゆるものをモニタリング、コントロールできるようになった。モニタリングでは、画像情報と音声情報の収集・分析技術が進歩したことで、これまで人手を必要としていた施設や設備の状況、ユーザーの様子、サービスの提供状況等の把握が効率的にできるようになった。例えば、コンピュータシステムや施設の維持管理業務の多くは監視であるから、IoT を使うと投入人件費を大幅に削減できる。住民向けサービスでもセキュリティ、サービスのモニタリング、顧客対応などを大幅に効率化できる可能性がある。

　センサリングの対象は温度、振動、歪、速度、位置等に広がっているから、あらゆる公共サービスに適用することができる。多くの民間事業者が IoT を使ったシステム、サービスに積極的に投資をしているので導入可能性は日々高まっている。

　問題は、公共側の仕様書が新しい技術の導入を制約していたり、人による監視等を義務付けていたりすること、新しい技術やシステムの提案を高く評価しようとする姿勢を見せないこと、提案の能力ないしは意思の無い旧来の事業者の枠組みの中で調達をしようとしているこ

と、などにある。IoTは民間事業者にとっても生き残りを左右する重要なテーマだから、公共側がこうした点を改善して、導入に積極的な姿勢を見せれば、応じてくる民間事業者は必ずいる。

●次世代PPPに向けたポイント②：定型サービスの活用

革新技術の導入にはリスクが伴う。コストアップにつながる場合もあれば、トラブルに見舞われることもある。オーダーメードを求めれば革新技術のリスクを負うことは避けられない。こうした事態を防ぐために重要なのは、実績のあるパッケージ化された定型の商品・システムを調達することだ。「個別の自治体の意向に沿ってIoTのシステムを組み上げます」という甘言に乗ると、高いコストやリスクにつながる可能性がある。民間事業者としてもIoTの時代に生き残るには商品のパッケージ化が欠かせないから、定型の商品・サービスを調達できる可能性は高まっている。

そのためには、公募条件にパッケージ化された商品・サービスを受け入れる自由度を確保しなくてはならない。公共側は公共サービスのアウトカムに注力して性能発注を徹底した公募条件を設定する。その上で、競争環境を維持しながら、各社の定型サービスを利用するには、対話を通じて、公共側が求める要件に適した商品・サービスを適切なコストで提供できる民間事業者を選定していけばいい。

パッケージ化は国の視点で見ても重要だ。PPPの分野で民間事業者がIoTを使い、パッケージ化された商品を開発すれば、日本企業がインフラや公共サービスの分野で海外展開する可能性が高まるからだ。

●次世代PPPに向けたポイント③：テーマ起点の価値創出

日本の公共サービスはサービスの種類ごとに管理され、提供されてきた。省庁も所管の公共サービスごとに基準等を設け、それに沿った

サービスの提供に要する施設整備等に対して補助を行ってきた。省庁を起点としたサービスの管理、実施体制が国内に公共サービスをあまねく普及し、その品質と信頼を高めたことは間違いない。しかし、近年、こうした典型的なサプライサイドの体制が地域が抱える課題を解決するために効率的とは言えないケースが多くなっている。

　環境事業を例にすると、自治体が所管する公共サービスは、環境省が廃棄物の処理・処分、啓蒙、国土交通省が下水道、文部科学省が教育、農業関係では農林水産省といった形で複数の省庁に関係している。自治体の組織は省庁の施策に対応できるように定められており、政策に必要な施設等はこうした組織により整備される。一方、環境分野では民間事業者による事業も拡大している。今後、地域内の資源を有効に活用して環境政策を進めていくためには、各省庁に関係した事業を官民協働事業にいかに統合していくかが問われる。分野ごとの縦割りで施設整備等を進めると、機能の重複、資源の融合の限界などの問題を呈することになる。そこで重要になるのが、地域環境政策の目的とテーマを掲げ、施設やサービス等の調達についても統合的な権限を行使できる体制である。

　同じようなことは、高齢者福祉にも言える。高齢者福祉に関係するサービスの殆どは厚生労働省が所管しているが、民間事業者のサービス、あるいはNPOの活動をいかに連携させるかが不可欠になっている。地域内の教育機関、あるいは雇用関連の機関との連携も重要だ。高齢者サービスに関わる施設整備、サービス調達を行う機能を一元的に管理し、高齢者のニーズを起点に、官民の橋渡し、施設やサービス資源の融通、調達を行えば、サービスの質と効率性の向上が図れる。

　この他にも、教育、育児、生活支援等、住民起点で施設、サービスを調達できるテーマはいくつもある。

●次世代PPPに向けたポイント④: 官民協働の上流展開

　自治体、民間企業に限らず、効率的な調達の基本は、「調達の対象を良く知る者が、調達対象の仕様を決める」ことである。日本のPPPを進化させるためには、この基本を施設整備やサービス提供の全工程にわたって徹底することである。

　環境改善を目的とした施設を整備する事業を例に、事業の工程を考えると概ね以下の通りとなる。

　　第一段階：環境改善に関する理念の設定

　　第二段階：環境目標の設定

　　第三段階：環境目標の実現方策の設定

　　第四段階：施設等の要件設定

　　第五段階：施設等の設計

　　第六段階：施設等の建設

　　第七段階：施設等の運営

　ここで、PFIは、自治体より技術力が高くなった民間事業者に第五段階から第七段階を委ねるための政策と捉えることができる。民間事業者をメーカーや建設会社だけでなく、それらを中心に構成されるコンソーシアムと考えると、さらに上流の工程についても、民間事業者の知見を活かしたほうが効率的だ。第四段階の施設の要件設定については、民間コンソーシアムの企画力、構想力が役立つだろう。第三段階の実現方策についても下流工程に関する専門知識を有している民間コンソーシアムが活躍できる。ただし、第四段階に比べると公共側の知見を必要とする割合が増える。

　このように民間事業者の知見や能力は現状の公共調達の枠組みに比べ、かなり上流まで公共サービスの付加価値向上に貢献できる。前々節で紹介したイギリスのBSFは官民の協働を第三段階まで上流に引き上げた事業と考えることができる。PFI等で実証された民間事業者

第3章　地域の価値を創出する官民協働　*159*

のコンソーシアムの組成能力を踏まえれば可能性はさらに高まる。法律上の制約はあるが、PPPの効果を高めるためには、民間の知見や能力をできるだけ上流まで活用するための方法を検討すべきだ。その上で、事業をどのように公正に進めるかを工夫することになる。

●次世代PPPに向けたポイント⑤：事業の仕組みの構築

　公共サービスの付加価値の向上と効率化のためには前項までのポイントで足りるが、シンガポールのように、地域内で培った付加価値を域外に展開し、そこで得た利益を域内に還流するためには、それに担う事業体ないしは事業の仕組みが必要になる。

　シンガポールが港湾、空港、水システム、都市開発等で培った事業資源を海外に展開したのは、これらの事業を国内で担っていた事業者であり、それを財務面で後押ししたのが政府ファンドだ。日本でも政令指定都市などが公営企業の民営化などを本気で推し進める姿勢があれば、政府ファンドによるリスクテークは難しいものの、域内で培った事業資源を海外に展開し、そこで得られた利益を地域に還元することができる。しかし、多くの自治体では単独で事業資源を維持し域外に展開できるだけの事業体を擁しないのが実態だ。こうした事態に対応するためには二つの方法が考えられる。

　一つは、民間事業者を選定する際に、自治体や域内の企業との共同出資によるPPPの事業体の設立を求めることだ。PPP事業により域外展開を目指す事業体が地域に設立されるのを歓迎する自治体は多いかもしれない。自治体で域外展開を目指した官民協働の事業体ができたら、域外、つまり他自治体のPPP事業を受託することを目指す。日本全体にとっては海外市場で実績を上げて欲しいが、一般の自治体の事業体なら、まずは国内の他自治体をターゲットにするだろう。そうなると域外に展開できた自治体と他の自治体が関わる事業体に事業を委ねる自治体の間で差が出ることになる。序章で述べたように、人

口減少が本格化する時代には、生き残りを賭けた地域間競争が厳しくなることが避けられない。地域の価値を域外に展開するPPPはそうした時代を反映する事業モデルとも言える。

　もう一つは、PPPの事業体への参加には拘らず、事業の権利の獲得に注力することだ。域外展開には上述した官民共同事業体を設立することが有効だが、実際には、域外展開を担う力のある域外の民間事業者と一緒に働ける人材を供給できるか、力のある域外の民間事業者の投資についていけるかといった問題がある。こうした問題がPPPの事業体の活動や収益を制約する可能性もある。上流工程まで官民が協働すれば、PPPの事業者は自治体等から多くの知見を得る。

　そこで、PPP事業者の選定に当たり、PPP事業を通じて得られた知見を域外に展開し、得られた利益を自治体ないしは自治体が指定する機関に自治体等の貢献分を還流することを求めることが考えられる。還流された資金を地域の活性化に使う方策を考えておけば、同じ効果が期待できる。

　現実には、二つの方法を上手く組み合わせることになろう。本書では官民の共同事業の立ち上げを随所で提案している。第一章で述べた第三セクターのような失敗に陥るリスクがゼロとは言えないが、事業の担い手が減っていく時代に、優秀な人材を抱える自治体を事業の蚊帳の外に置いて地域の付加価値を高めることは難しいと考えるからだ。

　ただし、官民共同の事業体、いわゆる第三セクターには今でも不安や不信がある。実際、自治体には民間と同じペースで業務をこなせる人材は少ないかもしれないが、経験的に、若い人材なら時間をかけて民間のペースに合わせることができる。キャッチアップが難しいのであれば、官民共同事業体につきものの役所関係の機関との調整などを担ってもらえばいい。

　また、自治体が民間の追加投資についてこられないことも考えられ

る。そうであれば、当初から自治体の追加投資を期待しない事業の枠組みにしておけばいい。一方で、民間側も自治体と一緒に事業を行う際の甘えを払しょくするという意識が欠かせない。

　思い浮かぶ懸念に一つ一つ対応して役割分担を決めれば官民の強みを活かした共同事業が立ち上がる可能性は十分にある。そうすれば、四半世紀前に第三セクターで払った高い勉強代を地域の将来に役立てることができる。自治体とそのための苦労を共にしようという意識のある事業者を選定することが次世代のPPPの出発点とも言える。

　以上を踏まえ、次節で具体的な事業の枠組みを考えてみよう。

④ 資産価値を高める次世代型PPPの具体例

（1）環境分野で想定される事業構造
― 低炭素社会構築のための分野横断型バイオエネルギー事業 ―

① 期待が高まる自治体のエネルギー事業

　2016年11月、パリ協定が発効した。世界中の殆どの国が参加する地球温暖化問題に関する協定だ。世界第二の温室効果ガス排出国であるアメリカが脱退の意向を表明したものの、今後の地球温暖化問題に関する政策に大きな影響力を持つのは間違いない。

　日本は2015年に2030年に向けたエネルギープランを発表した。そこに示された電源構成は、2013年からの経済成長率を1.7％とした場合の2030年の電力消費量を17％削減した上で、大型水力を含む再生可能エネルギーを22～24％、原子力発電20～22％、LNG火力を27％、石炭火力を26％、石油火力を3％とする計画だ。この計画には国内外から積極性に欠けるという指摘が上がっているが、その実現すら危ぶまれているのが日本の現状だ。（図表3－6）

　まず、原子力発電は一部が再稼働を果たしているものの、現在原子力規制委員会に審査されている全ての原子力発電所が復帰しても22％のシェアを満たすことはできない。石炭火力は国際的な批判に晒され環境省の審査も厳しくなっている。再生可能エネルギーの中身を見ても、約4割を占める大型水力は老朽化が進む。海外では風力発電や太陽光発電の発電コストが天然ガス火力を下回るケースも出ているが、風力については大陸の偏西風地帯の大規模ウィンドファームのコスト、太陽光については太陽光が強く晴天率の高い低緯度の国のコストだから、日本でのコストはもっと高くなる。しかも、風力発電、太陽光発電は天候と時間に左右されるため送電線の制御機能を高め、調整電源も用意しなくてはならない。風力発電の場合は送電線の追加整

第3章　地域の価値を創出する官民協働　*163*

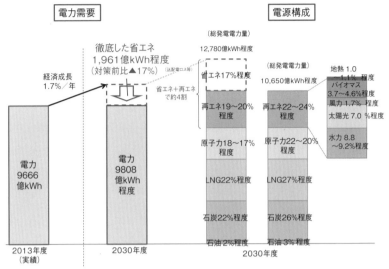

(出所) 長期エネルギー需給見通し（2015年、経済産業省）

備も問題になる。地熱発電も期待されているが絶対量が少ない。

　結果として、系統電力の低炭素化についてはこれと言った対策がないのが日本の現状である。そうした中、今後注目が高まらざるを得ないのがバイオエネルギーである。日本中に資源がある、既存の技術や設備を流用することができる、電気だけでなく熱も供給できる、風力や太陽光と違って変動調整ができるといった長所があるからだ。現在は海外の安価なバイオマスを大量に持ち込むバイオマス発電が盛んだが、環境面での大きな矛盾を抱える事業は長く続かないだろう。バイオエネルギーの基本は地産地消であり、地域社会の中にある資源をいかに効率的に利用するかを考えるのが本来の姿だ。そこで期待されるのが自治体の役割である。地域には一般廃棄物、下水汚泥、剪定枝、家畜排泄物、農業残渣といったバイオマスが存在する。このうち一般廃棄物、下水汚泥、剪定枝については自治体が管理しており、家畜排

泄物、農業残渣についても農業政策を通じて関与している。問題は各々への対応がバラバラであることだ。一般廃棄物や剪定枝は環境省の政策、下水汚泥は国土交通省の政策下で自治体が処理し、家畜排泄物や農業残渣は農林水産省の政策の下で民間が処理している。これらを統合的に処理できれば、バイオエネルギーとしての利用効率が大きく改善する。

② 分野横断型バイオエネルギー事業の構造

地域のバイオエネルギーの効率を高めるために必要なのは以下の3点だ。

ⅰ）バイオガス化の推進とバイオガスの統合

- 一般廃棄物から分別した厨芥ごみ、下水汚泥、家畜排泄物等のためのバイオガス化拠点を作る。
- 農業系廃棄物、剪定枝を受け入れ可能な範囲内でバイオガス化拠点に投入する。バイオガス化拠点で生成されたバイオガスを精製して都市ガス、LPGの配管に導入する。
- または、都市ガスやLPGで熱量調整してガスエンジンに投入する。
- ガスエンジンで発電した電気は域内の施設で利用するか、電力系統を介して売電する。
- 配管への投入、ガスエンジンへの投入が難しい場合は、廃棄物発電のスーパーヒートに利用する。

ⅱ）焼却せざるを得ないバイオマスの集約

- 厨芥ごみを取り除いた一般廃棄物、バイオガス化拠点に投入できない農業系廃棄物、剪定枝、あるいは域内の廃材、等で廃棄物発電を行う。

ⅲ）排熱の利用

- 廃棄物発電の排熱、ガスエンジンの排熱を利用するための熱配

管を地域内に敷設する。

・広い範囲の施設で利用するために排熱は温水利用に供する。

・熱需要が多い場合は、地域内の水源、地中熱を利用したヒートポンプにより熱配管に熱を供給する。

図表3－7　エネルギーシステム構成

```
              ┌──────────┐
              │ 天然ガス │
              └────┬─────┘
┌──────────┐ ┌──────────┐    │
│一般廃棄物│→│ 厨芥ごみ │──┐ │
└────┬─────┘ └──────────┘  │ │
     │       ┌──────────┐  ↓ ↓
     │       │家畜排泄物│→┌──────────┐  ┌──────────────┐
     │       └──────────┘ │バイオ発酵│→│コジェネレーション│──┐
     ↓       ┌──────────┐ └──────────┘  └──────┬───────┘  │電力
┌──────────┐←│ 下水汚泥 │──┘              │      │熱      ↓
│ 乾燥ごみ │ └──────────┘              │      │   ┌──────┐
└──────────┘←┌──────────┐              │      ↓   │施設等│
     ↑       │農業廃棄物│──┘          │  ┌──────┐└──────┘
     │       └──────────┘              │  │熱配管│
     │←──────┌──────────┐              │  └──────┘
     │       │ 剪定枝   │──┐     熱    ↑
     │       └──────────┘  └──────────┘
     │                         │電力
     └──────→┌──────────┐      ↓
              │ 焼却発電 │→┌──────────┐
              └──────────┘ │送配電網  │
                     電力   └──────────┘
```

　以上のような域内のバイオマスを活かしたエネルギーシステムを整備することで、地域は以下のようなメリットを享受することができる。

・域内のバイオマスの有効利用が進む。

・エネルギーの自給率が高まる。

・エネルギー関連資金の域内循環が増える。

・エネルギーの利用効率が向上する。

・複数分野のバイオマスを集約することにより発電効率が向上する。

・熱利用によりバイオマスの利用効率が高まり、未利用エネルギーの利用も進む。

・処分対象となる廃棄物が減り、集約により単位量当たりの処理コストも低下する。

・一般廃棄物処理、家畜排泄物処理、農業系廃棄物の処理、剪定
枝の処理等に関わる予算を効率的に使うことができる。
・地域に根差したエネルギー事業が生まれる。

　一般廃棄物、家畜排泄物、農業系廃棄物、剪定枝を別々に処理する
のに比べて、経済面、環境面での効率性は大きく向上する。しかし、
こうしたシステムを整備、運営するためには、以下のような業務を含
むシステムの統合管理が必要になる。（図表3－8）
・廃棄物の排出量の予測
・処理施設への投入量の予測、管理
・廃棄物の運搬、管理
・生成される電熱量の予測、管理
・域内の電熱需要の予測
・電熱の供給、需給調整
・各施設の管理
・業務ごと、全体の採算管理
・上記に関わる役所、民間事業者との連絡、調整等

③　上流指向の官民協働事業の3ケース
　上述の業務を適切に実施するためには、一つの事業者が全体の業務
を統括管理する必要がある。そのためには民間の知見を事業の上流ま
で展開することが必要だが、展開の仕方は、事業の特徴によっていく
つかのケースに分かれる。
　一つ目は、事業計画の上流段階から官民が協働するものの、施設整
備等の事業は別途進めるケースだ。上流段階で施設整備等の要件を決
めておけば、施設等が独立で運営されても事業全体の一体性を維持で
きる場合に適したパターンと言える。事業計画段階に関わった民間事
業者が下流工程の事業に関わった場合の優位性を放任するか、公平な

第3章　地域の価値を創出する官民協働　*167*

図表3-8　環境分野での事業スキーム

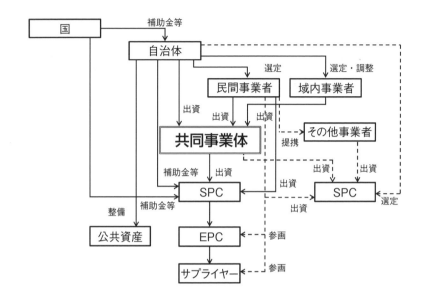

競争環境が成り立つように制約を課すかなど、事業の全体運営のあり方を検討する必要がある。

　二つ目は、ここで示したバイオエネルギー事業のように、施設間での連携、一体的な運営が必要になる事業だ。こうしたケースでは、複数の施設等を一事業者が一体的に運営したほうが事業の効率性と確実性が高まる。理屈の上では、施設等を個々に整備・運営しても、事業計画を検討する上流側の機関が統率力と調整力を持っていれば、事業としての一体性を保てる可能性はある。しかし、事業が長期にわたることを考えれば、複数の施設を一体的に運営するケースより安定性で劣ることは否めない。一方、事業全体の計画から施設の整備運営までを民間事業者に委ねるため、特定の民間事業者に地域が依存するようになるリスクを軽減するための工夫が必要になる。

　三つ目は、施設整備等は個別に進めるものの、事業計画を検討する

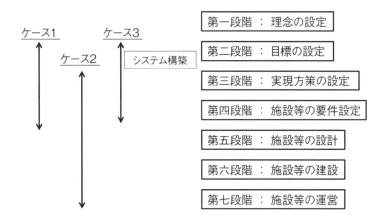

図表３－９　民間の上流参画の３つのケース

機関が事業を一体的に進めるためにシステム等の資産を保有するケースだ。一つ目のケースのオプションと位置づけることもできる。前述したように、今後公共サービスやインフラの運営などにIoTは欠かせないものとなる。その場合、事業計画を管理する側がIoTのシステムを保有し、それを使って事業全体を一体的に運営管理したほうが効果的だ。（図表３－９）

④　段階ごとの業務内容

　前節では、環境事業を例に事業の進め方を以下のような段階に分けた。以下、これに沿って活動の内容を検討する。

　　第一段階：環境改善に関する理念の設定
　　第二段階：環境目標の設定
　　第三段階：環境目標の実現方策の設定
　　第四段階：施設等の要件設定
　　第五段階：施設等の設計
　　第六段階：施設等の建設
　　第七段階：施設等の運営

*第一段階では、地域の環境をどのように改善するかの理念を設定する。

ある分野で地域としての理念を設定することは、公共サービスをどんなに民間に頼る時代になっても自治体の重要な役割である。むしろ、PPP により実事業を民間事業者に委ねる分だけ、自治体はこの段階の素養を高めるための人的、経済的な投資を行わなくてはならない。それには、関係分野の政策に精通すると共に、国内外の先進事例を研究し、地域住民との恒常的な意見交換を行い、有識者とのネットワークを充実させること等に取り組む必要がある。ここで民間事業者が敬意を払い、かつ現実離れしない理念を構築することが後段の事業の質を高めるための必須条件となる。

*第二段階では、第一段階で設定した理念を実現するための KPI（Key Performance Indicator）を設定する。

例えば、地域住民一人当たりの廃棄物の排出量、リサイクル率、再生可能エネルギーの生成量、最終処分量などだ。この段階で、目標年度を定め、あるべき地域の姿を描き、それを実現するための効果的な測定対象と達成レベルを設定できるかどうかが事業の正否を左右する。定量目標を定めることは事業の方向性を明確にし、効率性を高めるために有効だが、機械的な数値だけに着目してしまうと、「地域づくり」という自治体本来の目標とかい離してしまう可能性もある。PPP 事業は長期にわたるから、リサイクル活動への地域住民の参加、苦情の減少、生活環境の評価といった、住民との接点に関わる定性的な指標を取り入れることも重要だ。

行政、地域住民、これらをサポートする有識者、コンサルタントなどにより、国内外の先進事例などを参考にしながらも、地域の特性にあった KPI を策定する。その上で、実現に向けた地域としての毅然とした姿勢を提示できれば、次の段階からの業務、事業のレベルを引

き上げることができる。

　第二段階は、民間の専門知識を上手く吸い上げながらも、自治体が責任を持って取り組まなくてはならない業務である。

＊第三段階、第四段階では、民間事業者の参加を得てKPIを実現するための方策を検討する。

　KPIの実現には、どこにどのような施設を整備するか、域外の事業者とどのように連携するか、住民にどのように参加してもらうか、国の制度をどのように利用するか、事業をどのように進めるかなどを検討しなくてはならない。技術、事業面だけでなく、制度や政策、周辺事業との関係、住民との関係等の知識も必要になるため、官民が協働で検討する必要がある。一方、廃棄物発電施設などは整備に当たり、地域住民の合意を得るのが容易ではないため、用地の確保や地域住民の合意形成は第三段階に入る前に済ませておくことが必要だ。

　この段階でパートナーとなる民間事業者を以下の条件で公募する。

- ・業務範囲は第三段階以降の全ての業務とする。
- ・第二段階で設定したKPIの実現を業務の目標とする。
- ・民間事業者への支払い原資は、原則として、現状自治体が負担している費用からバイオ発電による売電収入等を差し引いたものとする。
- ・事業の目標をできるだけ定量化することに努める一方、長期の事業期間に耐えられるように、自治体は事業条件が変動した場合の対応方策を提示する。
- ・その他、自治体は、事業の実施条件、現状の実施内容・実施状況、関係する事業や政策の状況、自治体の責任、民間事業者及び共同事業体の責任、自治体や地域住民の意向等に関する情報を提示する。

第3章　地域の価値を創出する官民協働　*171*

以上を示した上で、民間事業者から、処理システム、導入技術、運用方法、事業形態、想定コスト等を含む実現方策の提案を受ける。自治体は、提案を受け提案者ごとに提案内容に関する協議を行い、民間事業者においては自治体側の意向や事業条件、提案内容の実施可能性等を確認し、自治体側においては提案内容の確認を行う。自治体側の要求とのかい離が埋まらない民間事業者は以降の正式提案の対象外とする。

　何度かの協議を通じて官民の協議、確認が完了した段階で、整備する施設等の設計要件、正式な見積もりを含めた提案を受ける。公共側は提案内容の妥当性を評価し、公共側の要求を逸脱していない提案を総合評価方式によって評価し、最も優れた提案を行った事業者を優先交渉権者とする。優先交渉権者とは契約に関する詳細な協議を行い、協議が整ったところで優先交渉権者に選定された民間事業者と共同事業の契約を締結する。

＊第五段階、第六段階、第七段階では、自治体と民間事業者が共同事業体を設立し、施設等の設計、建設、運営を行う。

　共同事業体は民間事業者が提案し自治体が合意した提案に基づいて施設等の基本設計を行い、自治体の指示に従って、補助対象となる施設のコストを算定し、補助金を受けるために必要な資料を作成し、自治体に提出する。自治体は当該資料に基づき補助金を申請する。

　補助金が確定したところで、共同事業体は施設等の詳細設計、調達、建設を行う。自治体の指示に基づき施設等の施工管理を行い、試運転を行い、自治体による試運転の合格をもって施設等の運営を開始する。業務開始後、共同事業体は自治体と合意したモニタリング計画に基づき運営状況を監視し、自治体に報告する。

　上記の業務について、共同事業体は設計、建設、施設の運転、モニ

タリング等の業務を提案者を含む第三者に委託することができる。

　共同事業体との対象事業で得られた事業資源を域外に展開するに当たっては、自治体と民間事業者の協議を得て事業体の内容を再構成することも可能とする。

⑤　上流指向型事業の課題

　上述した事業方式ではいくつかの点が懸念される。

　一つ目は、共同事業体が域内の環境事業の殆どを手掛けるため、パートナーとなる民間事業者に知見と情報が集中し、契約期間終了後も同じ民間事業者に依存し続けるリスクがあることだ。環境関連のPFI事業の契約期間は20年程度であることが多いが、これだけ広い範囲の業務を任せるのであれば、契約期間は30年程度あってもいい。契約期間に整備した施設をその後さらに数年ないしは10年程度使い続けることを前提とすると、施設を建て替える頃には、自治体には現場の人材が枯渇しているだろう。そこで、自治体が、第三者に施設等の運転維持管理を委託するためには、契約当初からの準備をしておかなくてはならない。具体的には、施設に関する細部までの図面や運転データの収集、特定部品の供給義務の付加、知財の利用権の確保などだ。30年後の自治体の事業管理能力を維持するために最低限の人材を維持するための教育も重要だ。こうした準備の下、民間と一緒に30年間働き、事業のデータを集約すれば、自治体として民間主導の時代に合った体制を整えることも可能だ。

　二つ目は、施設の仕様が決まるのが民間事業者が選定されて以降であるため、補助金の取得までに時間がかかる上、取得できないリスクもあることだ。補助金制度がなければ民間資金を使って柔軟に投資ができるが、日本では現状の補助金制度を前提に事業を計画せざるを得ない。補助金を受けるためには少なくとも投資額と補助金の適用基準や環境基準などを満たしていることが確認できる程度の仕様が決まっ

ている必要がある。そのためには第四段階での検討が完了していないといけないので、補助金の申請は共同事業体の設立以降になる。つまり、第四段階を終えてから第六段階の建設に入るまで順調にいっても一年程度の空白期間が生じることになる。

　空白期間が生じることへの実務的な懸念は実はあまりない。これだけ広い業務を民間に任せるとなると、詳細設計、運営計画の策定、自治体との合意形成、関係機関との協議、実施体制の整備、環境教育を行う場合にはその準備等々、施設を建設する前にやることはたくさんあるからだ。

　PFIを単なる施設の建設・運営と捉えれば空白期間はリスクだが、複数の施設を運営し地域の環境事業を「経営」するためには、経営を担う民間から派遣された人材がやるべきことは山のようにあるのだ。民間事業者により上流の業務を任せる場合、むしろこうした経営的な観点から必要になる取り組みを重視すべきだ。ただし、空白期間の予測性や補助金獲得の確実性が低いことは大きなリスクになるので、自治体は滞りなく申請手続きを進めなくてはならない。

　三つ目は、一般廃棄物、下水道、剪定、農業関連等と事業の範囲を広げる分だけ不確定要素が増えることだ。事業の範囲が複数分野にまたがると、個別分野での政策、需要などの変動要素に加え、分野間の調整・融通による変動要素も加わる。また、環境に関する要請は時代によって変化するので、契約期間を長くすると国内だけでなく、国際的な議論の影響を受ける事態も想定する必要がある。環境事業に関わらず、民間事業者の能力を上流かつ広範に活かそうと思うほど、事業環境の変化を所与のものとした事業構造が必要になる。この点にネガティブになると民間の能力を活かせる範囲は限定される。

　変動要素の全てを予見することは困難だが、予見できるものについては、できるだけ条件が変動した状態を想定し、その場合のリスクや資金負担の仕方を定めておこうとする努力が重要だ。その上で、想定

できない事態が生じた場合は、調整のための基本的な考え方やルールを共有しておく。

　四つ目は、対象分野における自治体の計画策定義務等の制度との整合性だ。廃掃法（廃棄物の処理及び清掃に関する法律）では自治体が廃棄物の処理計画を策定することになっている。ここで検討している事業の内容を検討することが処理計画の策定に当たるとした場合、官民の共同事業体に計画策定の権限を移行できない可能性がある。まずは、本書で指摘している自治体の現状を鑑み、自治体が一定以上関与している団体には当該の権限を移行できるように検討することが望ましい。難しい場合は、共同事業体が計画等を策定した上で、自治体に提案するようなプロセスを設計することになる。

　五つ目は、関係する分野が多い分だけ、自治体の雇用への影響が大きいことだ。自治体職員の雇用の維持は PFI、PPP の前提だ。将来、自治体の事業を運営するための人員が不足することが確実でも、少しでも自治体職員が事業の現場で働いている限り、雇用問題への対応を考えなくてはいけない。PFI 法で改正された制度を使い、自治体職員を PPP の事業体に出向してもらうことが考えられるが、官から民へのノウハウの移転のためでなく、過渡期の雇用問題に対処するための出向で自治体職員のモチベーションが維持できるかという課題は残る。もう一つの方法は、自治体職員の欠員を補完する形で PPP 事業者が業務を担当し、定年退職等による自治体職員の減少に従って PPP 事業者の業務の範囲を拡大するという方法だ。これについては、契約の実績もある。（図表 3 - 10）

図表3-10 官から民への移行スキーム

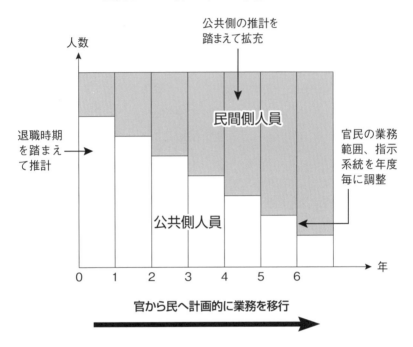

（2）包括的インフラ管理事業

① 全ての自治体が直面するインフラの維持問題

　今後全ての自治体にとって深刻な問題になるのは、既存のインフラをどのように維持するかである。上下水道などは公営企業等が事業費の中で必要なインフラを維持することになるが、人口減少により人口比で過大になるインフラをどのように維持するかが見えていない。一方、道路、橋、庁舎、学校、病院等は所管に応じて自治体が維持管理していかなくてはならない。既に、日本中の多くの地域でインフラの老朽化が顕在化しており、今後老朽化は加速的に進む。全てのインフラを耐用年数に従って更新すればいいのだが、国にも自治体にもそのための財源が無い。

　インフラ老朽化の時代に自治体が取り得るのは、設計上の耐用年数に囚われず、「できる限り長く」インフラを使うことである。そもそも、構造物の耐用年数には構造設計ほどの理論的な根拠は無い。ある程度の技術的な知識と経験知で一応の目安を示したのが設計上の耐用年数である。世界中には一般の設計概念を超えて使用されているインフラが多数ある。例えば、ニューヨークマンハッタンのブルックリン橋は建設から優に100年以上経っている。エンパイヤステートビルも完成から90年近く経っている。日本も当初の設計上の耐用年数を超えて、「使えるうちはできるだけ長くインフラを使う」時代に入る。問題は、何をもって「できるだけ長く」とするかである。

② 究極のインフラ長期利用のための革新技術

　インフラを、「できるだけ長く使う」と言っても壊れるまで使うことはできないので、正確には「安全に使える間はできるだけ長く使う」ことを意味している。これまでは稼働年数や現物の検査結果などを基に、安全性の問題が生じる前に予防的にメンテナンスを行ってきた。しかし、こうした方法では、検査に手間とコストがかかる上、究

極の耐用年数に至る前に安全サイドの視点で更新されることになる。日本の公共財政は全てのインフラを予防的なメンテナンスで維持できるほどの余裕がない。そこで必要になるのが、インフラの安全性を常時監視し、リスクが顕在化する兆候が表れたら、ポイントを絞って、速やかにメンテナンスや更新を行うためのシステムである。こうすれば、インフラの維持管理コストを最小化した上で、インフラの損壊による被害を防ぐことができる。

　自治体が管理しているインフラの殆どは鉄骨やコンクリートで構成された構造物である。構造物が構造体として安全性を保っているかどうかはセンサーから得られるデータで判断することができる。構造体の歪みや振動を常時計測していれば、安全性に問題が生じた場合にはデータが異常値を示すからだ。センサーの性能と経済性は近年飛躍的に向上し、既にこうしたシステムの研究が進んでいる。センシング、データ通信、データ分析の信頼性と経済性は今後飛躍的に向上するから、将来はこうした手法を用いて維持管理のコストを限界まで下

図表3-11　インフラのセンサリングシステム

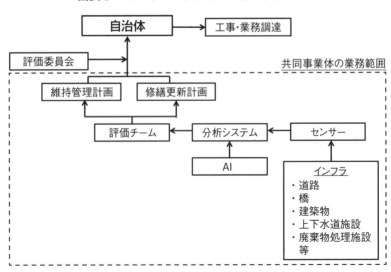

げながら、インフラを安全に使うようになるだろう。それを使いこなせるかどうかでインフラの維持管理コストは劇的に変わるはずだ。（図表3－11）

③　IoT を使ったインフラ維持管理事業

　いわゆる IoT を駆使したインフラの維持管理事業だが、大多数の自治体では、IoT を用いたインフラの維持管理を構築、運営することは難しい。革新技術を用い、極限の効率性を追求するインフラの維持管理システムの導入には官民の協働が必須になる。ただし、公共側が基本的な仕様を書いて、民間事業者の提案を受け評価するという従来の PFI、PPP のような仕組みでは民間のノウハウを十分に活かすことができない。競争的対話の仕組みを用いて民間により上流からの提案を受けるのも十分とは言えない。何故なら、公共側に適切な発注条件を定めるために十分な能力がなく、民間にとってもこうしたシステムがチャレンジングな段階にある上、自治体の個別の事情を十分に把握しないと実効性のあるシステムを組み上げることができないからである。こうした課題を解決するためには計画段階から民間のノウハウを導入することが必要だ。

　その上で、以下のような業務を官民協働で進める。

- ・IoT を使った域内のインフラの監視を行うシステム（以下、監視システム）を構築・運用する。
- ・監視システムにより異常や危険性が察知されたインフラについては迅速に修繕・更新工事を行う。
- ・監視システムから得られたデータに基づき、最適の維持管理計画を策定する。
- ・維持管理計画に従って、維持管理業務を行う。
- ・対象は、道路、橋、建物、上下水道、廃棄物処理施設等、自治体が所有する全ての施設、設備とする。

＊第一段階では、域内のインフラ整備の理念を明確にする。

多くの地域に共通する重要なポイントは三つだ。一つ目は、上述したように、「安全に使える間はできるだけ長く使う」こと、二つ目は、そのために革新技術を使った究極の効率性を目指すこと、そして三つ目は、人口減少などに合わせてインフラの縮小を図っていくことだ。こうした点に対して、革新技術等について現実感を持って検討できる人材を擁する自治体は稀有だ。また、インフラに関する専門的かつ現実的な知見も必要となる。

システム構築力のある技術系の民間企業に行政の事情を理解した理念の議論を期待できるわけでもない。この段階で期待されるのは、政策と革新技術の橋渡しを担える有識者、コンサルタントなどからなる委員会ではないか（以下、委員会）。ただし、机上論や理想論に埋没することなく、理念の設定からシステムの実装までに関わることができる現実指向の人材が必要だ。

＊第二段階では、インフラの維持管理の目標を設定する。

第一段階で設定した理念に沿ってインフラの維持管理の具体的な目標を設定するには、インフラやシステムに関する技術面での専門知識が欠かせない。一方で、インフラの維持管理、修繕・更新のためには、対象となるインフラ、財政、調達などに関する制度を理解している必要がある。そこで、この段階から官民でIoTを使ったインフラの状況監視、IoTのデータに基づく維持管理・修繕・更新計画の策定、当該計画に基づく自治体の工事の調達の支援のための共同事業体を設立する。状況監視、データ分析とそれに基づく計画の策定を一貫して実施することを期待し、システムの構築・運用も業務に含めることとする。

そのために、自治体はIoTを使ったインフラの維持管理事業の構

造を説明した上で、参画に意欲のある民間事業者を公募する。自治体が民間事業者と協働して、域内のノウハウを域外に展開しようと考える場合、その役回りを担うのはここで設立する会社になる。自治体に域外展開の明確な意志と戦略がある場合、公募の段階で応募者にそうした意向に応える姿勢があるか否かを問うことになる。域外展開の妥当性については、第一段階で設立した委員会による評価や助言を受ける。

　こうした事業には、まずインフラのデータを取得・分析するシステム系の企業が関心を持つだろうが、本事業では対象となるインフラの設計に関する知識が欠かせない。どのようなポイントからどのようなデータを収集し分析すればインフラの状況を適切に把握できるかが、システムの信頼性を左右するからだ。そのためにはゼネコン、エンジニアリング会社などの参画を期待したい。これらの企業にとって、IoT を使った事業は今後欠かせないサービスになるが、現状の収益を支えるのは伝統的な建設工事等の事業だ。そこで参加の意欲を高めるためには、第五段階以降の事業への参画に機会を排除しないことが必要になる。

＊第三段階では、インフラの維持管理目標の実現方策を設定する。

　共同事業体は監視システムを構築し、当該システムを使いインフラの管理、データの分析、分析結果に基づくインフラの維持管理計画を策定する。監視システムの構築に当たっては、いわゆるベンダーロックを防ぐために、汎用システムやクラウドサービスをできるだけ活用する。委員会はシステムの基本設計と当該計画の妥当性を審査する。

＊第四段階は、必要となる工事等の要件の設定である。

　共同事業体は維持管理計画に従って、維持管理のために必要な業務

の要件を策定する。また、監視システムで異常値が発見された場合には、該当箇所の状況を調査し、修繕・更新が必要な場合は、修繕・更新工事の計画を策定し、委員会の確認を得た上で、自治体に提出する。

＊第五段階は、修繕・更新工事の具体的な仕様の策定である。

自治体は共同事業体から提出された維持管理業務、修繕・更新工事の計画を評価し、実施の是非を判断する。実施しない場合は、共同事業体に対して代替案の検討を依頼する。実施する場合は、共同事業体から提示された計画や要件に基づいて詳細仕様を策定し、必要となる予算を算定する。必要に応じて、公募等の手続きを経て設計会社等に詳細仕様の策定を依頼する。

＊第六段階は、修繕・更新工事の実施である。

自治体は第五段階で策定した詳細仕様と予算に従い、維持管理業務、修繕・更新工事を発注する。共同事業体に建設会社が参画した場合でも、自治体が調達のための最終仕様を策定していることを理由に、維持管理業務、修繕・更新工事への参画を妨げないことにする。民間事業者が公共サービスや公共事業の上流プロセスの計画に関与する場合、当該民間事業者の参加のインセンティブを確保するために、自治体が特定の民間企業に依存しないこと、幅広い事業者が参画できる環境を用意すること等を条件に、下流プロセスの工事等に参画できるような事業の設計が必要になる。

民間事業者に上流工程まで参画して欲しいと思うのは、下流工程で培われた実務的なノウハウが企画、計画段階に役立つという理解があるからだ。にも関わらず、杓子定規な解釈で、上流過程に関与した民間事業者が下流工程の工事等に参画できないとするようでは民間事業

者がついてこない。

　日本の公共サービスは企画、計画段階においても民間の知見に頼らざるを得ない時代を迎えつつある。先行するコンセッションの事業でも公募条件や計画段階での民間事業者の関与などで、従来の杓子定規な考え方を超えた取り組みが散見される。官民協働の範囲を拡大するためには、自治体側にはこれまでの慣習に囚われずに説明責任を果たそうとする姿勢が求められている。

＊第七段階は、修繕・更新工事のモニタリングと監視システムの運営である。

　自治体が発注する修繕・更新工事は自治体が検収した上で、以降は共同事業体の監視システムを用いたモニタリングに委ねることとなる。

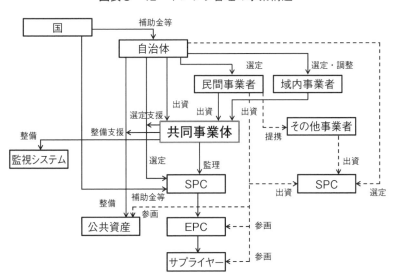

図表3-12　インフラ管理の事業構造

第3章　地域の価値を創出する官民協働　183

（3）官民協働の高齢者向け企画・サービス事業

① 期待される民間サービス

　高齢者介護はどこの自治体でも優先度、財政負担面ともに重要な政策となっている。既に、介護保険制度が整備され民間事業者による特別養護老人ホーム、サービス付き高齢者住宅、デイサービス、ショートステイ、訪問介護などの事業が行われている。事業者の形態を見ても、社会福祉法人に加えて株式会社などによる市場参入も盛んで、民間主体のサービス体制が整っているように見える。しかし、だからと言って、自治体の役割がなくなったわけではない。広い意味での民間事業者の参入がもたらしたのは、高齢者向けサービスのバリエーションの拡大であり、自治体による高齢者向けの施策の実務を完全に代替した訳ではないからだ。

　バリエーションが増えれば、当然各サービスの間の連携、調整が必要になるし、サービスの間に隙間も生まれる。財源の問題もある。民間事業者の参入が進んだと言っても、それを財政的に担保しているのは公的制度に基づく財源であるからだ。PPP の世界で言えば、形を変えたサービス購入型事業であっても、独立採算型事業と言えないのが高齢者介護の事業である。民間事業者の参入が進んでいるにも関わらず国としての財政負担が減らないという特殊な構造があるのだ。こうした問題を解決するのが、公的な財政負担を伴わない民間参入である。具体的には、高齢者の自己負担による民間の商品、サービスの購入やボランティアによる支援などである。そのために、自治体はケアマネジャーへの保険外サービス・互助の活動の周知、あるいは総合事業・生活支援体制整備事業の実施等、様々な立場から高齢者支援に参加できる体制を整備しつつある。

② 減らない自治体の負担

　こうして自治体は高齢者支援に関わる様々な機関の調整等を担わざ

図表3－13 自治体職員業務

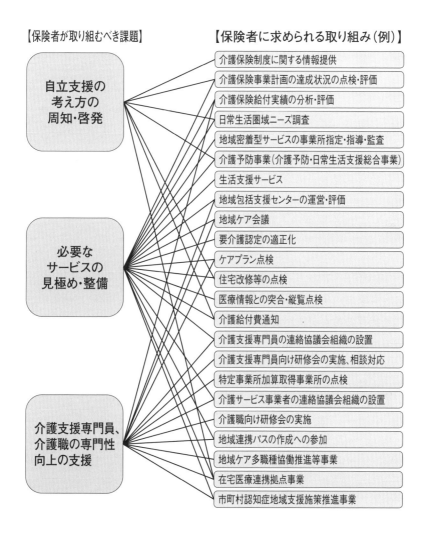

（出所）日本総合研究所「保険者の機能強化に資する「圏域別・状態像別の地域分析」の手引き」

るを得なくなる。例えば、特別養護老人ホームやサービス付き高齢者住宅等、民間団体が運営する事業に対しては、補助金の給付手続き、研修、指導等が必要になる。地域包括支援センターについては自らが主体となって運営に当たらなくてはならない。（図表3－13）

　他にも、図に示すとおり、自治体が関与する業務は極めて多岐にわたることとなり、職員は忙殺される。それでも、民間サービスの利用促進など、地域が一体となった高齢者介護の体制を構築するためには必ずしも十分とは言えない。介護等の実務を民間に開放することで、自治体は高齢者向け施策の計画ないしは戦略の立案、様々なサービス提供者の間のコーディネート、あるいは市場の監視等の役割に集中する事を期待したいところだが、事務業務に忙殺されているのが実態なのだ。自治体側に十分な人材がおらず高齢化が進む地域では、事態が一層深刻になっていると考えられる。高齢化と公共側の人材不足がピークを迎えるのはこれからであることを考えると、新しい施策運営のための方策を考える必要がある。

　そこで考えられるのが、イギリスのBSFに倣った官民協働の事業体による包括的な施策運営である。即ち、高齢者向けサービスの計画段階から官民が協働して地域のサービス体制を整備していく仕組みだ。

＊第一段階では、域内で高齢者向けサービスに関係する機関が共有すべきサービスの目標を設定する。

　ここまでの事例では、第一段階は行政の役割だったが、ここで対象とする高齢者向けサービスの事業では当初から官民が協働して取り組むことが必要である。何故なら、既に高齢者向けサービスの多くを民間事業者が手掛けているからである。その知見と経験抜きに適切な目標を設定することはできない。そこで、官民が出資する高齢者介護の企画、計画から実施までを担う共同事業体を立ち上げる。PPPでは自治体のパートナーとなる民間事業者を公募するのが一般的だが、こ

こでは二つの方法が考えられる。

　一つは、地域で活動している民間事業者と自治体が公募等のプロセスを経ずに共同事業体を立ち上げるケースである。地域に力のある事業者がおり、当該事業者がその地域全体のサービスの向上に対する意欲があり、官民の間で良好な関係が築かれている場合に選択すべきケースである。共同事業体のパートナーの選定が入札対象とされている訳ではないので、こうした場合に、敢えて公募によって外部の新たな事業者を取り込むことが必ずしも正しいとは言えない。地域内で不足している機能があれば、共同事業体が設立されてから新たな事業者の参加を求めてもいい。

　もう一つは、PPP の定石にしたがって、自治体がパートナーとなる民間事業者を公募するケースである。地域に有力な企業がいない場合、地域のサービス体制を再構築したい場合に適したケースと言える。

　前者のケースでは、事業の計画段階から自治体が事業者に声をかけ共同事業体の事業計画を作成することができる。自治体が声をかけると公平性の観点から関係者が多くなり過ぎ、メリハリのない事業になってしまうリスクがあるので、有力な企業に取りまとめを期待して民間提案を受けるようにするのも一案だ。

　後者のケースでは、共同事業体がどのような事業を営むかは自治体が考えなくてはならない。公募資料まで作らなくてはならないから負担は少なくないが、その分しがらみに囚われない計画を作成することができる。専門的な知見を要するから有識者やコンサルタントの協力を得る必要があるだろう。

　いずれのケースを採用するかは地域の事情によるが、共同事業体が手掛ける事業としては以下のような項目が考えられる。

　　　・高齢者向けサービスの提供レベルの設定
　　　・前項のために必要となるサービスメニューの抽出と目標レベル

の設定

・サービスメニューの開発及び普及
・官民交流拠点の整備計画の策定
・地域包括支援センターの整備ないしは運営に関する委託事業等の計画の策定
・サービス提供のための研修の計画、実施
・サービス提供に有効な設備、システム等に関する情報収集及び調達の助言
・域内の関連機関の間のコミュニケーションプランの策定
・上記のために必要となるイベントの計画、実施
・民間の高齢者向け商品・サービスの調査、評価
・民間の商品・サービスの紹介、試用等のイベント等の企画、実施
・上記拠点の整備仕様の策定及び自治体への提案
・長期的な高齢者人口の予測を踏まえた資産規模の適正化のための計画の策定
・上記に関わる仕様の策定及び自治体への提案

上記のうち前段のいくつかの業務は制度上自治体が行うとされている業務であるため、共同事業体は内容を具体化し、保険者が策定する介護保険事業計画に反映するよう自治体に提案することになる。

＊第二段階では、第一段階で設立された共同事業体が中心になって高齢者向けサービスの目標を設定する。

共同事業体の活動を具体化するために、いくつかのKPI（Key Performance Indicator）を定める。例えば、2030年までに、健康寿命を1歳伸ばす、年齢階級別要介護認定率を5ポイント下げるといった形だ。

＊第三段階では、共同事業体が中心となって第二段階で定めたKPIの実現方策を策定する。

そのためには、域内の高齢者、サービスの状況を踏まえ、不足しているサービス、施設、担い手、施策を明確にし、各々を改善する施策を講じていく。

＊第四段階では、共同事業体が中心となって第三段階で整備等が必要になったサービス、施設等に求められる要件を設定する。

例えば、公的な施設の新設、更新が必要となった場合、当該施設は次の段階以降で自治体が調達するため、この段階では調達のための資料整備に資する情報を整理して要件を取りまとめ自治体に提案する。施設の新設であれば、施設の目的とアウトカムを明確にした上で、施設内の機能ごとのアウトプットを整理することが重要になる。

＊第五段階では、第四段階で定めた要件に従い、自治体が調達に必要となる仕様等を策定する。

ある施設を性能発注で調達する場合には要件に従って要求水準を書くこととなり、施設の更新を行う場合は工事の細部まで定めた設計を行うこともある。サービスを公的負担で新たに立ち上げる場合は、サービスに関する要求水準や仕様を書くことになる。いずれについても自治体が定めた方法で公募を行い施設建設やサービス提供を担う民間事業者を選定する。

＊第六段階では、第五段階で選定された民間事業者が自治体が示した仕様書や設計書に従って施設の建設やサービスの提供を行う。

第3章　地域の価値を創出する官民協働　189

図表3-14 高齢者サービスの事業構造図

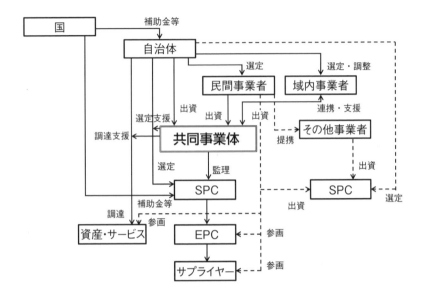

＊第七段階では、第五段階で定めた仕様に従って選定された民間事業者が第六段階で建設した施設の運営、サービス提供事業の運営を行う。
(図表3-14)

　第五段階で調達する施設やサービスにかかる費用により自治体の負担が増加する可能性がある。ただでさえ財政運営が厳しい中、いかに地域の高齢者サービスの付加価値を高めるためと言っても、自治体の財政負担が増えるのは現実的とは言えないという指摘があるだろう。共同事業体の運営にしても運営費用を誰が負担するかが問題になる。
　ここで重要なのは、共同事業体の役割は、単に新しい事業を立ち上げるだけでなく、業務の重複、知見の共有やサービスの定型化ができていないことによる非効率を解消し、以下のような観点から、地域のサービス体制を再構築することにあるという点だ。

・間接費比率の低下

・業務の標準化による効率化

・ITやロボティクス技術による効率化、省人化

・公的な負担を伴わない民間サービスの導入による高齢者の健康
　度の改善

・長期的な人口増減を踏まえた施設規模の適正化

・民間サービス導入支援に伴う成果配分

　こうして得られた財政的な効果により、長期的に経済面でも成果を
出すという理解が重要だ。これは財政難の下で民間と協働して包括的
な高齢者向けサービスを改善するには、複数分野にまたがる複数年度
の財務運営が必要であることを示している。それが自治体の財政運営
の改善を促すという効果も期待できる。

第4章

実現に向けた課題解決の方策

1 入札制度における課題

　現行の入札は、国であれば会計法、自治体であれば地方自治法に基づき対象となる事業の区分や手続きが定められている。国と自治体とで異なる部分もあるが、概ね図のような流れになる。

　本書で提案しているような付加価値の高い官民協働事業を進めていく場合に課題となるのは、日本の入札の厳格なルールである。PFI法が施行され、官民連携事業の実績が20年近く積み重ねられたことで、入札制度の使い勝手はよくなったものの、一層の付加価値を求めるためには未だに十分とは言えない。

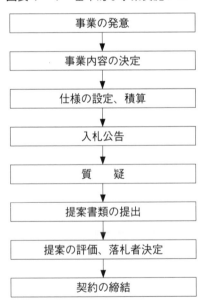

図表4－1　基本的な事業実施フロー

① 事業の発意

　公的な施設整備を伴う事業やインフラ等の維持管理運営に関する事業は公共側が発意することが基本である。例えば、新たに公共施設を整備する場合には、まず「基本構想」を策定する。基本構想では、施設を所管する自治体が抱える課題や上位計画等から施設の必要性を導出し、事業の目的や目指すべき方向性をまとめる。大規模な事業であれば、この後「基本計画」として施設やサービス内容を具体化する。概算事業費を算出し、当該事業の財政計画を検討するのもこの段階である。また、情報を公開し、パブリックコメント等を通じて、地域住民等の意見を反映させることもある。

　最近ではインフラ等を所管する省庁や地方財政を所管する総務省が、自治体に対して、対象となる施設等に関する中長期の予測を行い、将来の更新見通しを“見える化”することを要請している。総務省は、平成 26 年度に「公共施設等総合管理計画」の策定を自治体に要請した。道路等の土木インフラを含む自治体が持つ全ての資産を対象に、施設等の機能を持続的に維持するためには将来いつどれだけの更新投資が必要か、毎年の維持管理経費がどれだけかかるかを算出し、将来見込まれる歳入の中でやっていけるか、やっていけないならどのような方策をとるのか等を具体的に策定する計画である。「公共施設等総合管理計画」の中で必要とされた更新事業は、担当部門が更新事業の実施時期等を検討することになる。この際、PPP・PFI の活用も選択肢に位置づけられている。

　総務省の要請を待つまでもなく、こうした計画の策定は自治体の責務である。公共施設やインフラはまちづくりと密接に関連するため、地域整備の方向性や交通計画等とリンクさせて長期的な維持管理・更新の計画を考えなくてはならない。生活に密着した事業であれば、地域住民に計画を説明し、合意を得ながら内容を詰めていくことも必要だし、財政当局との調整も不可欠である。地域の整備の責任を負うの

は自治体であり、こうした役割を担えるのは自治体しかないから、自治体が事業を発意することを前提に公共事業等の執行プロセスが定められているのは当然と言える。

　しかし、第2章で述べた通り、今後公共側の発意だけで付加価値の高い事業を立ち上げることには限界がある。民間の知見を事業の発案に活かすためには、民間の発案をどのように位置付け、自治体が担ってきたプロセスの各段階で行われてきた関係者との調整等をどのタイミングで誰が行うかを明確にしなくてはいけない。

②　事業内容の決定

　事業内容を具体的に検討していく段階で付加価値を高めるためにはいくつかの課題がある。

　一つ目は、建設費の議論が先行することである。特に、新規の施設整備を伴う事業の場合、整備対象の施設の面積や規模、配置、設備内容等に検討が集中することが多い。しかし、付加価値の高い事業を立ち上げるには、何を作るかではなく、どのようなサービスを提供するかを考えて、そこから必要な施設を定義するという順序が重要だ。運営やサービスを起点に事業を検討するのである。PFI事業では「性能発注」により、性能達成の具体的な方法は民間事業者に委ねるため、運営やサービスから事を考えることは普通になっている。公共側の役割を性能の提示と定めた成果と言える。それでも、事業の検討が建設にフォーカスされてしまうことがあるのは、施設建設の財源や補助金獲得といった財政手続き上の理由に加え、目に見える建築物のほうが検討しやすいといった慣行上の理由があるからではないか。建築物の議論を起点する事業計画は、付加価値の高い事業の本質を見失うリスクがある。

　二つ目は、本来地域が必要なサービスの実現方法ではなく、補助金等の獲得が自己目的化し、それが事業の枠組みに歪みを生じさせるこ

とである。補助金は省庁や部局の所管ごとに縦割りで制度設計されている。最近では分野横断的な交付金制度もできつつあるが、省庁・部局が予算配分に権限と責任を有する以上、担当部局の政策目的が強調されることになる。その結果、地域の課題解決に資するには多少使い勝手が悪くても補助金の獲得が優先されることが往々にしてある。

補助金の適用条件が問題になることもある。多くの補助金は建設工事費を対象とするが、PPP事業では民間企業が工事のマネジメントを含む事業の統括管理を行い、自治体がサービスフィーを払う形態が一般的だ。この場合、自治体の支出科目が補助要綱に合致しないため補助金が適用されないという事態になりかねない。さらに、入札による工事者の選定、年度内の執行、仕様の規定等、民間の柔軟な事業を阻害するような条件も多い。こうした制約を取り払わなければ、民間に委ねても事業の抜本的な見直しはできない。

③　仕様の設定、積算

事業が発意され、それに基づいて事業内容が決定されると、調達のために施設内容やサービスの仕様を具体的に決める段階となる。従来型の公共事業であれば、基本構想、基本計画、基本設計、詳細設計、詳細設計通りに施設を建設する公共工事の発注となる。

一般に官民連携事業では性能発注を採用しているため、詳細仕様を決める必要はないが、詳細仕様なしでどのように事業費を積算するかが問題となる。

一般の公共工事や業務委託では、工事の仕様書や委託内容をブレークダウンし、必要な人工や、材料費等を積み上げる。こうしてできた内訳書によって事業費を積算する。一方、性能発注では公共側は詳細な仕様を検討せず、民間企業からの大まかな費目ごとの参考見積を取得して事業費を算定する。

当該事業費に基づいて、財政事情等を勘案して入札のための予定価

格を設定する。日本の入札制度は、予定価格より1円でも高い応札者は失格となり落札者とすることができないという厳格な制度である。付加価値の高い事業を提案しても、コストが予定価格より少しでも上回れば、総合的・長期的に見て公共にとって経済性が高い提案であっても失格になるのだ。かと言って予定価格を高めに設定すれば、応募グループが少ない場合に価格の高止まりを招く。

新しい技術や工法が開発される中、主として高度な技術を必要とする公共工事について「高度技術提案プロセス」が制度化され、民間からの技術提案を基に予定価格を技術評価の途中で設定することが可能となった。しかし、高度技術提案の適用対象要件の幅は狭く、広くPPP事業に活用できる状況にはない。

性能発注では、達成すべき性能要件が示されるが、達成方法によってコストは異なる。応募者が提案のスペックを検討しやすいように目安としての価格情報を提供する必要はあるが、それが上限価格である必要はない。価格の提示方法について、官民協働事業の特徴を踏まえた方法を検討する必要がある。

④　入札公告～質疑～提案書類の提出

入札公告をもって、正式な事業者選定プロセスが始まる。日本では長らく仕様発注による調達が行われてきたため、入札における事業者選定の指標は価格だけだった。仕様発注では、民間事業者が実施する工事や業務は細かく仕様が定められ、極端に言えば「（実施能力があれば）誰がやっても同じレベルの施設やサービス」が提供される。同じサービスであれば安いほうがいいので、価格だけの入札が正当化されてきた。現行の入札制度はそうした理解を前提に組み立てられている。

そこで課題となるのは、詳細仕様が提示されることを前提とした入札プロセスの硬直性である。入札は民間事業者間の競争であるから、

平等性、公平性、透明性を確保しなくてはならないため、いったん入札公告が始まると発注者は応募者と接触できないといった考え方がある。入札プロセスで応募者が公共側に質問する場合は、書面による質問を行い、質問への回答は全応募者に開示されるのが一般的になっている。

仕様発注であれば書面のやり取りだけで応募者の疑問に十分応えることも可能だが、性能発注では、要求水準書の書面だけで公共側の意図を適切に理解することは困難である。また、応募者からは性能を満たすための具体的方法が提案されるが、大胆なアイディアがどのように評価されるか予測できず、結局無難な提案が優先されることも多い。

PFI事業では、性能発注を踏まえて入札プロセスにおける官民対話が必要であるとして、2006年に平等性、公平性、透明性に留意しながら官民で対話するためのルール等が関係省庁の申合せにより示された。具体的には、各応募者との対話は応募者間での公平性を確保できるよう回数や時間を同様とすること、提案内容を誘導せず、要求水準を満足しているかどうかのみの回答に限定して提案についてコメントすること等である。（図表4－2）

しかし、今後一層高い付加価値を求めていくためには、入札プロセスでの対話の在り方をより柔軟な形に変えていく必要がある。

官民対話を進めるには、資格審査についても検討が必要である。仕様発注では、業務の実施方法が同一であり、提供されるサービス等の水準も同等になることが前提とされている。資格審査においては「業務実施能力のあるものに幅広く機会を付与する」という考え方をとっている。このため、資格審査の合否ラインを低くし、多くの応札者が参加可能な資格条件となっている。官民連携事業の入札プロセスで対話を行う場合、あまりに多くの応募者を対話の対象にすることは難しい。実のある対話を行うためには、資格審査で事業者の数を絞り込むという発想に変えていく必要がある。

図表4-2 入札プロセスにおける対話

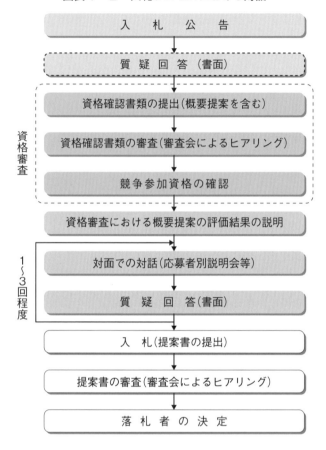

(出所)内閣府PFI推進室「PFI事業に係る民間事業者の選定及び協定締結手続きについて」PFI関係省庁連絡幹事会申合せについて

⑤ 提案の評価、落札者の決定

　付加価値を重視した官民協働事業の事業者選定では価格以外の要素が重要になる。公共側が提示した性能の達成方法は民間側に委ねられるため、応募者が3グループなら三者三様の提案が出てくる。そこ

で、事業内容から公共側のニーズに最も合致した事業者を選定するために導入されてきたのが総合評価方式である。

　総合評価方式は、価格だけでなく提案内容も評価し、両方の総合得点が最も高い提案者を選定する仕組みで、1999年から導入された。総務省の通知により、入札公告に先立ち評価基準を定めることや、評価基準の作成に際して2人以上の学識経験者からの意見を聴くこと、また、学識経験者が必要とした場合には提案書を評価し落札者を決定する際にも2人以上の学識経験者の意見を聴くこと等が定められている。

　総合評価方式は官民協働事業が増えるにつれ公共調達に広く普及した。価格評価の比率を10%程度まで下げる事業もあり、価格に配慮しつつ提案内容を競う審査方法として総合評価は一定程度機能してきた。

　評価の体制も課題である。総合評価では有識者が参加する審査委員会を設置し評価基準の作成及び実際の提案評価を行うことが一般的である。自治体によっては、透明性を確保するため行政は評価にできるだけ関与しない方針とし、第三者のみから構成される審査委員会とする場合もある。このようなケースでは、公共側が望ましいと考える提案と審査委員会の評価結果が一致しないこともある。公共側が関与しないからこそ評価基準に基づく厳格な評価が行われるとみることもできるが、官と民が協働事業を作り上げていくためには、公共側が一緒に事業をやりたいと考える相手をより柔軟に選べるという考え方も重要である。

　一方、総合評価では価格の高い応募者が落札することが多々あり、価格入札に比べて公共側の説明責任が重くなるため、審査講評を加えた評価結果を開示するのが一般的になっている。その結果、透明性や公平性に配慮するあまり、公共側の思い入れや納得感より、無難な評価が重視される面があることも否定できない。付加価値の高い事業に

取り組むには、長期間協働事業に関わる公共側の納得感が重要になる。20年以上にわたり取り組んできた総合評価の仕組みは、公平性や透明性と公共側の主張をいかにバランスさせるかが求められている。

⑥ 契約の締結

　落札者が決定したら直ちに契約を締結するのが現行の入札制度の基本的な考え方である。仕様発注の場合、業務の実施方法が決まっているための契約面での調整事項は少ない。入札の公平性という観点からも、実施方法の前提となる入札の際の条件である仕様書や契約書を変更することは適切とは言えない。

　性能発注の事業では、公共側が示した契約をそのまま締結することは難しい。民間事業者の提案が公共の想定の範囲内に収まっているとは限らず、収まらない場合は要求水準書や契約書との調整が必要になるからだ。特にチャレンジングな提案がなされた場合には、こうした事態が起こりやすい。複数の民間事業者がグループを形成して応募する場合が多いことも契約内容の調整が必要な理由だ。しかも、グループに参加する建設会社は設計・建設、維持管理マネジメントは他の企業、SPCが運営を担う等、民間企業の果たす役割や負う責任は異なるのが普通だ。大規模な施設整備を伴う事業であれば金融機関がこれに加わる。企業には各々個別の事業参画の理由があり、公共側が提示した契約書だけで参加者全員の意向を満たすことができず、部分的な変更が必要になる。

　公共が示した契約条件だけでなく、民間の提案内容の変更を協議することもある。性能発注である以上、性能が達成される限り民間事業者の裁量に委ねるのが基本だが、民間事業者も公共側の意図を全て理解することができないため、民間提案内容どおりに実施するのが好ましくないこともある。また、提案内容が多岐にわたるのが一般的であ

るため、提案内容を部分的に変更して公共側のニーズに合わせることも考えられる。入札という制約された条件下で提案する以上、調整が必要になるのはやむを得ないことだ。

　PFI 事業では、落札者の決定後「契約詳細の詰め」を行うこととされている。入札で公共側から提示された図書を前提としつつ、民間事業者からの提案等を踏まえて内容を調整することを示している。ただし、入札条件の骨格を変えない範囲であること、特に入札の結果に影響を与えない範囲で、契約書等を変更することとしている。しかし、どの程度が「契約詳細の詰め」で、どこから「契約協議」になるのかは明確にできない。実際の入札では「落札者決定後の条件変更は不可」を建前としつつ、現場の裁量で変更を行っているのが実態だ。より付加価値の高い官民協働事業を目指すに当たっては、落札者決定後の調整の範囲をより柔軟なものに考えていく必要がある。

第 4 章　実現に向けた課題解決の方策　*203*

❷ 入札制度との整合性確保のための方策

　現行の入札制度は仕様発注を基本としているが、20 年にわたる PFI 事業等の蓄積を通じて運用上の改善が進んでいる。入札を規定している会計法や地方自治法は各種の法律の中でも基本となるもので、これらを抜本的に変更するのは法体系上の整合性確保という意味でも難しい面がある。今後一層付加価値の高い事業を実施する場合でも、現行の法制度の中で運用上の改善を図ることが現実的である。ここでは民間との対話を中心に提案する。

①　民間提案制度の活用

　本書でも示した通り、民間の提案の事業への取り込みは実態として進んでいる。技術や社会問題が複雑化する中で、民間事業者によるノウハウや新しいアイディアは公共側の事業を企画するのに不可欠となっているからだ。民間企業も、自社の提案が何らかの形で採用されれば、自社の得意な技術を活かせるなど事業者選定で有利となるため、提案活動には基本的に前向きである。

　しかし、現在の民間提案では民間企業の関与はアイディアを提供する程度に留まる。計画を策定する権利と責任はあくまで公共側にあるからだ。事業者選定での公平性、透明性を意識しているという面もある。民間側も計画を立てるのは自治体という意識から提案内容に対する責任感が低下し、実現性を十分に検証しないケースもある。

　民間からの提案を本気で事業につなげていくためには、官民双方の立場で民間提案に対してコミットし、具体化に向けたプロセスを踏んでいく必要がある。そのためには、2013 年の PFI 法改正で位置づけられた民間提案制度を活用することが有効である。

　PFI 法の民間提案制度では、民間事業者が PFI 事業の提案をでき

図表４－３　民間提案制度を活用した事業発案プロセス

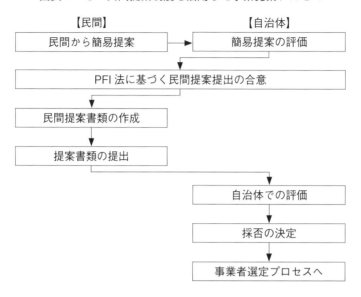

ること、自治体はPFI事業の提案を受けたら採否を回答しなければならないこと、採用して事業化する場合は提案企業のインセンティブを考慮することが定められている。これに従い、官民双方が責任をもって民間提案を事業化するためには、以下のようなプロセスが考えられる。（図表４－３）

　まず、民間事業者から簡易提案を行う。簡易提案はPFI法の民間提案に先立つ非公式な提案で、通常行われている任意の提案と同様、事業の概要を記した程度の内容とする。その上で、簡易提案を自治体の実情やニーズに合ったものとしていくために、官民双方がPFI法の民間提案制度に基づく提案を行うことに合意する。

　次に、当該の合意に基づき民間側はPFI法に定める提案書類を作成する。PFI法では、実施方針と特定事業選定、すなわち民間側が提案事業にVfMがあることを説明することが求められている。こうした提案を作り込むには公共側からの情報提供が欠かせないため、民間

側が一方的に検討するのではなく、官民間での一定の意見のやり取り
を経てまとめることが重要だ。

　提案書類がまとまったら正式な提案書として自治体に提出する。自
治体は民間側からの提案を事業化することが妥当かどうかを評価する
ため、自治体ニーズに合致しているか、VfM があるか、実現性はあ
るか、優先して実施すべき事業であるか等を検討する。

　事業化が正式に決定された後、事業者選定のプロセスに入る。PFI
法では、提案企業に対するインセンティブに配慮することが定められ
ており、寄与の度合いに応じて総合評価で加点する方法が例示されて
いる。

　民間提案制度は現時点では PFI 事業に対してのみ制度化されてい
るが、自治体側の意向さえあれば、他の事業に対しても PFI 事業と
同様に活用できる場合がある。

②　入札前の対話システムの一層の活用（マーケットサウンディング　グ）

　民間提案制度は特定の企業からの提案に基づき事業化するプロセス
だから、独創性の高い事業になる可能性がある。一方、公有地の活用
や公共施設の整備と合わせた民間の不動産開発などの事業では、特定
の企業からのアイディアではなく、より多くの企業から提案を得るこ
とが望ましい。

　こうした場合には入札前の対話を工夫することが考えられる。事業
検討の初期段階で公共側が最小限の前提条件を提示して民間から自由
に意見、提案、要望等を受け入れ、それをもとに事業の条件を詰めて
いくというプロセスである。

　初期段階での提案募集は近年多くなっている。民間からのアイディ
アが事業化につながった事例も増えている。しかし、民間からは「発
意」に関わるアイディアのみを求め、その後の事業内容の検討は公共

側が行うケースが多い。これでは、民間のアイディアの「いいとこどり」で提案意欲は減じられる。

　民間企業の意欲を引き出し、付加価値の高い事業につなげるためには、発意段階のアイディアを受けた後も対話を継続して事業内容を議論することが必要である。正式な入札公告の前であれば、制度的な制約はほとんどないため、公平性、透明性に配慮すれば、柔軟な対話ができる。

　そこで以下のようなプロセスを提案する。

　まず、事業の前提条件のみを提示し幅広い提案を募集する。

　提案内容を評価し、検討余地のあるアイディアを特定する。このとき複数の事業アイディアが採用されてもよい。

　採用されたアイディアについては、一定の期間をかけて官民で対話を行い、事業内容を具体化し、実現のための課題を整理する。ただし、この間、民間側に生じる過大な負担をどのように軽減するか、ないしは報いるかが課題となる。民間が協力する対話の範囲で事業内容を具体化するための最低必要限度に留める、対話に必要な経費を自治体が負担するなどの対策が考えられる。

　具体化された事業内容は再度の評価を経て採否を決定する。採用された場合は、これを事業条件として事業者選定プロセスに移る。

③　対話、交渉型の入札プロセス（競争的対話）の導入

　正式な事業者選定の公告の後で民間事業者との真剣な対話を行うことも考えられる。参考になるのは、EU で位置づけられている競争的対話（Competitive Dialogue）のプロセスだ。国によって運用面の違いはあるものの、概ね以下の流れで事業者を選定する。

　＊公告
　＊簡易提案の提出

第4章　実現に向けた課題解決の方策　*207*

＊簡易提案の審査、対話参加者の通知（通常三者程度）

＊対話参加者との競争的対話

＊対話の終了、最終提案の招請

＊最終提案書の提出

＊評価、選定

　日本では競争的対話は会計法や地方自治法に位置づけられていない。PFI 事業では、ガイドラインの中で位置づけられているものの、随意契約の一つとして整理されている。

　競争的対話で最大の焦点となるのは、対話参加者との対話の中身である。前述したように、性能発注の事業では、入札プロセスにおいて相対での質疑が行われており、民間事業者は提案内容が入札条件上問題ないことを確認することができる。ただし、あくまで質疑応答の域を出ないことが原則だ。

　これに対して競争的対話では、民間事業者から提案を求め、それに対して公共側がよりニーズに即した提案となるようにコメントすることができる。具体的には、民間の提案に対して公共が要望を述べ、民間事業者は要望に対して提案内容をどのように改善するかを検討する。実態的には、提案内容に関する交渉ができることになる。

　官民協働事業では、一つの目的に向かって官民双方が責任を分担して事業を行うから、お互いの役割、責任分担について突っ込んだ交渉が必要なことは当たり前である。競争的対話プロセスは、こうした交渉を民間事業者から最終提案書が提出される前に行うことで、公共側は競争環境の下でよりよい条件を引き出すことができ、民間側は選定後のリスクを軽減できるというメリットがある。

　こうしたメリットはあるものの、公共側は複数の事業者と交渉を行わなくてはならないので負担が重い。最終提案提出前の対話の対象を絞り込む等により負担を軽減することが必要だろう。

また、透明性の確保のために、事業者選定が終了した後に対話の経緯を可能な範囲で公表する等の配慮も必要だ。

④　総合評価方式の柔軟化

　より突っ込んだ対話を伴う場合、総合評価方式についても工夫が必要だ。総合評価一般競争入札では公告の時点で事業者選定基準を公表し、それに沿って評価を行うが、対話や交渉を経て、提案評価のための新たな視点が見つかることがあり得る。事前に評価項目を完全に決めきることは難しい。

　そこで、公告の時点では評価の大枠（大項目とそのウエイト程度）を定めておき、評価の際の着眼点やキーワードは後から詳細化することが考えられる。フランスの競争的対話では、事前に作成し公表する評価基準は目安であり、対話後に詳細化する運用がとられている。日本では、対話を受けて評価基準を詳細化するに際して、恣意が入る余地が生まれにくいこと、またその疑念が持たれないことに留意する必要がある。そこで、これまでの総合評価の運用方法と近く、理解が得やすいのが、予め詳細な評価基準を作成しておき、対話後に評価項目の追加やウエイト見直しの必要性を議論し、必要な場合はその理由を説明するといった方法だ。

　評価を見据えた対話の体制も検討課題となる。審査委員会に参加する有識者にとって、複数回実施される応募者との対話に参加することは容易ではない。しかし、対話の経過を把握していないと、提案内容を理解し適切に評価できない恐れがある。特に応募者からすれば、対話でのやり取りと評価が異なれば不信感が生まれる。対話経緯を正確に説明すること等、評価者の知見を活かしながらも、過度の負担がかからない評価体制を工夫することが必要となる。

第 4 章　実現に向けた課題解決の方策　*209*

⑤　ターゲット価格の提示

　性能発注では、応募者は要求水準を達成する方法を提案するが、その際どの程度の価格で達成を目指すかは、提案する上で重要な前提条件となる。そこで、予定価格とは別に、発注者が期待するターゲット価格を提示することが考えられる。予定価格は上限、すなわち予算であり、ターゲット価格は希望する価格である。こうすることで、予定価格を設定しながらも応募者に公共としての価格のイメージを伝えることができる。

　ターゲット価格を提示するための一つの方法は、総合評価における価格点の設定である。総合評価方式の場合、提案内容と提案価格の両方を点数に換算する。ここで提案価格の点数化の仕組みを通じて、公共としてのターゲット価格を伝えるのである。

図表４－４　総合評価の価格点の設定例

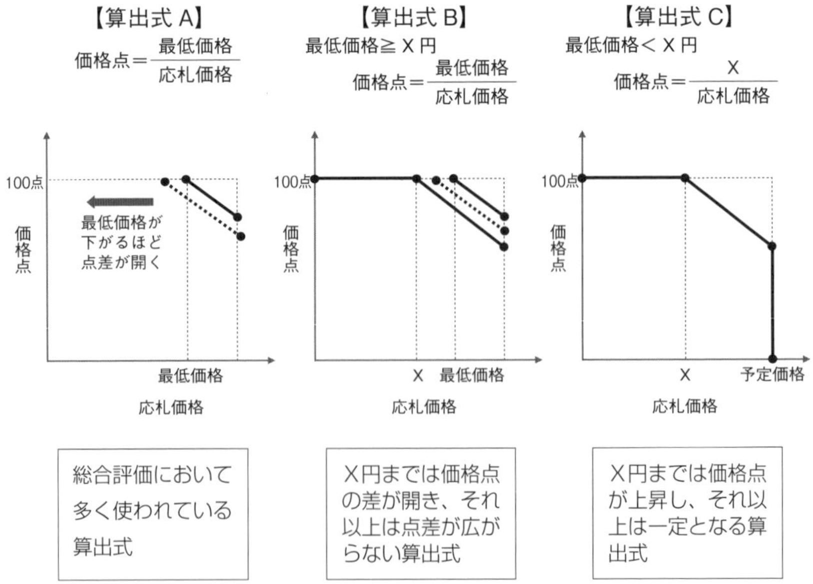

【算出式 A】

$$価格点 = \frac{最低価格}{応札価格}$$

【算出式 B】

最低価格 ≧ X 円

$$価格点 = \frac{最低価格}{応札価格}$$

【算出式 C】

最低価格 < X 円

$$価格点 = \frac{X}{応札価格}$$

100点

価格点

最低価格が
下がるほど
点差が開く

最低価格

応札価格

100点

価格点

X　最低価格

応札価格

100点

価格点

X　予定価格

応札価格

| 総合評価において多く使われている算出式 | X円までは価格点の差が開き、それ以上は点差が広がらない算出式 | X円までは価格点が上昇し、それ以上は一定となる算出式 |

これまでの総合評価を見ると、図のＡの算出式が最も多く採用されている。すなわち最低の金額を提示した応募者が満点をとり、それより高くなるにつれて点数は低くなる方法だ。これに対し、例えば図のＢのような算出式を設定すると、下限価格を下回っても点数が増えないため、これ以上価格を下げる努力をする必要がないことが分かる。図のＣのようにすれば、下限価格がターゲット価格であることをより明確に伝えることができる。（図表4－4）

⑥　公募型随意契約の活用

　入札を前提としている限り、運用上の工夫はできても硬直的な入札制度とその根底にある考え方に従わざるを得ず、性能発注による官民協働事業では使いにくい部分が残るのは否定できない。

　いっそのこと随意契約を採用するという選択肢もある。公募型随意契約、いわゆる公募プロポーザル方式は、公募による競争を経て契約の相手方を決める方法である。そのプロセスは総合評価一般競争入札とほぼ同様であり、PFIの事業者選定でも数多く採用されている。

　公共サービスに関わる事業者選定である以上、公平性、透明性、平等性の確保は言うまでもないが、複雑な事業や、民間の幅広い提案が期待される場合は、以下の点を意識した公募型随意契約を採用することで、民間の創意工夫を柔軟に取り込むことができる。

　一つ目は事業条件の途中変更である。対話を通じて要求水準や契約書の見直しが必要な場合に、当初公表した募集要項を変更する。入札でも対話を通じた条件の追加等で事実上条件を変更することは可能だが、不十分な内容に留まることもある。公募型随意契約では、当初の募集要項で簡単な要求水準を示した上で、対話を経てより柔軟に変更を行うことも可能である。公共からの条件提示を最小限にすれば、性能達成のための民間の創意工夫がしやすくなる。

　二つ目は予定価格の柔軟性である。随意契約であっても予算という

実態上の上限価格はあるが、予定価格という上限拘束性をもった価格条件を設定する必要はない。また、対話を行い応募者が想定する事業内容を把握した上で、ターゲット価格や上限価格を設定することも考えられる。

　三つ目は事業者選定後の交渉による変更である。総合評価を通じて最も望ましいとされた提案でも、公共側から見て事業内容を変更したい部分が出てくる可能性はある。そこで、金額は変更せずに一部の変更を求めるために、応募者は提案金額に収まるように別の部分で公共側に条件の取り下げを求めることができるようにする。事実上の交渉である。金額や提案内容を大きく変えると公募の意味がなくなってしまうが、総合評価の順位が変わらない範囲内で、公共と民間が交渉し、事業内容をニーズや実情に見合ったものにすることは、事業の安定性にも寄与する。

　随意契約というと、競争を経ずに1社を特定して契約する特命随意契約を想起させ、イメージがよくない面もあった。しかし、最近では総合評価型の一般競争入札とほぼ同じプロセスながら、随意契約の柔軟性を取り込み、公平性と柔軟性を両立した選定方法が活用されるようになっている。

③ 事業の立ち上げプロセス

　本章1、2で述べた現行の入札制度における課題と、その対応策を前提として、特に第3章で提案した次世代 PPP 事業を視野に一連の事業の立ち上げプロセスとして整理すると以下の通りとなる。

（1）民間起点での事業発案

　事業を発案し、事業内容を具体化する段階は、事業の付加価値を決める最も重要なプロセスの一つである。公共と民間の双方のニーズを取り込んで事業内容を作り込んでいく手続きを具体的に整理すると以下のようになる。

① 公共側による基本ニーズの明確化と公開

　民間事業者のアイディアを取り入れることが重要といっても公共側のニーズと乖離していては意味がない。優先度の高い事業を民間から提案してもらうには、公共側がニーズを明らかにし、広く開示することが出発点となるべきだ。行政としての課題を明確にすると言い換えることもできる。

　多くの自治体でこれから課題となるのは、人口減少に備えたコンパクトシティ等の新しいまちづくり、肥大化したインフラの縮小を含む老朽施設の更新、超高齢化社会を安心して暮らすためのサービスインフラ作り等である。こうした課題認識を、具体的なデータや地域固有の状況とともに整理していけば、それが事業起点としてのニーズになる。

　民間にとって自治体のニーズを提案につなげるのが難しい可能性もある。具体的な事業イメージを持ってもらうために有効なのが、公共施設の更新計画と併せたニーズの公開である。多くの自治体が公共施

第4章　実現に向けた課題解決の方策　**213**

設総合管理計画を策定し、施設の老朽化状況、更新の優先順位等を示している。これに、コンパクトシティ等のニーズが示されていれば、民間事業者は、どの公共施設の更新に対して、どのような民間開発との複合事業を提案するか等を検討しやすい。大規模な施設更新であれば、地域のシンボルとなるような事業を官民協働で立ち上げることもできる。

　新しい産業を作ることが最優先の地域もあるかもしれない。昨今は製造業の誘致もままならないから、地域で活用できそうな資源、事業の対象となる住民のニーズ等を公開して事業発案を求めることも考えられる。公募の内容によっては、地域のバイオマスを活用したエネルギー事業、農業や観光事業、高齢者向けサービス等の提案があるかもしれない。

　ニーズの開示にあたり、自治体側のコミットメントも重要だ。民間が責任をもって提案するには、公共側がそれをきちんと受け止め、事業上の責任を分担する姿勢を示すことが不可欠である。首長の意向や庁内での事業の承認状況の説明等が効果的だ。

②　基本ニーズから民間提案を募集

　自治体側が開示したニーズに対する民間からの提案の求め方にはいくつかの方法がある。

　一つ目は、特定の行政課題やニーズに対して、期間を定めて提案を募集する方法である。公共施設を含む大規模な開発事業や、公有地の有効活用で多用されている方法である。自治体側で事業化の目標期限がある事業であれば、期日を切った提案募集が有効である。

　二つ目は、提案の対象は設定せずに、期間を定めて自由な提案を募集する方法である。総合管理計画を公表した上で、これを参考にあらゆる分野・施設について自由な事業提案を求める。一つ目の方法では大規模な事業が対象となりがちなため、提案者が有力企業に限られる

可能性がある。二つ目の方法では、大小さまざまな規模のプロジェクトの提案を受けることができるため地元企業も提案しやすいというメリットがある。公共側では想定しないアイディアが出る可能性もある。

　三つ目は、自治体のニーズや課題を公表しつつも、期間を設定せず、随時の提案を可能とする方法である。この方法で提案された事業は、PFI法に定める民間提案制度を活用した事業にもつながりやすい。ただし、提案された時期、公共側での提案の取り扱い評価の方法等を明らかにしておくことが望ましい。

③　提案内容に関する民間事業者との協議

　民間事業者からの初期提案が、そのまま公的な事業として受け入れられることはほとんどない。公共側の事情を全て開示して提案を求めることが現実的でない以上、初期提案をそのまま採用できることを期待すべきではない。初期提案に対しては自治体として修正すべき点を指摘し、現実に即した内容に作り上げていくことが必要である。

　正式な入札プロセスの前段階で、民間事業者と事業内容について協議を行うことに対して制度的に厳格な制約はない。しかし、透明性や公平性に配慮した手続きを取ることは必要である。

　前項で提示した三つの方法のいずれにおいても、民間事業者との協議のプロセス、事業化に至った場合の提案者の優先権の内容を事前に明らかにしておくことが必要になる。優先権の内容や考え方については後述する。

④　全体プランの提案を求める

　英国では官民協働事業が拡大していく中で、事業目標を達成するための全体プランを民間からの提案に期待する事業スキームが生まれた。具体的には、前章で示した教育関連施設のサービスの向上を図る

第4章　実現に向けた課題解決の方策　　*215*

BSF（Better School for the Future）、小規模のプライマリーケア施設の近代化を目指すLIFT（Local Improvement Finance Trusts）、公有地での民間開発を面的に実施するLABV（Local Asset Backed Vehicle）等である。これらの事業の特徴は以下の通りである。

- 複数の施設整備・運営を対象とする。
- 複数の施設整備を含む全体計画を官民協働で作成する。
- 全体計画作成のため、官民共同出資で企画機能を有する合弁会社を立ち上げる。
- 公共側は、合弁会社のパートナーとなる民間事業者を公募し、当該事業者と一定の時間をかけて全体計画を策定する。
- 計画に基づく事業は、合弁会社とは別のSPCを組成して実施する。

　日本でも、公営住宅等の分野で、同種の複数の公共施設の統合・再整備とそれに伴う余剰地の活用をPFI事業として実施しているケースがあるが、全体プランの自由度は英国の事業のほうがはるかに広い。イギリスでは、どの用地に何を整備するかを民間事業者のマーケティング調査等をもとに決める。このために事業の最初の段階で事業パートナーを募集して合弁会社を立ち上げ、協働でプランを作成するのである。事業パートナーを選ぶので、詳細な事業内容の提案は求めず、実績のほか、事業コンセプト、計画策定の方針、想定されるプランの方向性などの提案を受けて評価する。

　日本でこのような事業を立ち上げる場合、協働事業のパートナーを選定するという位置づけになる。しかし、日本の入札は、役務やサービスの調達を評価の対象としてきたため、適切なパートナー選定のための知見が蓄積されていない。

　日本の現状を考えると、自治体側で事業目標を示し、その達成の考

え方について提案を求めることが現実的と考えられる。例えば、市町村の有する公共施設で最も多いのは小中学校であり、今後数多くの更新が必要になる。また、体育施設、プール等を複数の学校で共有したり地域に開放するような取り組みも行われている。こうした状況や就学人口等の将来予測に関する情報を開示し、民間から効率的な施設の整備、統合等に関する全体プランを求めれば、自治体のリソースに縛られることなく効率的で効果的な計画を立てることができる。

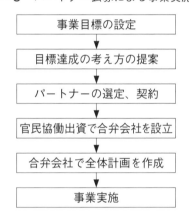

図表4-5　パートナー公募による事業実施手続き

⑤　提案資格の明確化

　民間事業者からの発意を受け、官民協働で計画を作り込んでいくに当たり、提案資格を明らかにしておく必要がある。事業の実施を展望して計画を作り込む以上、事業実施能力を有していることは大前提になる。対象事業の規模やリスク、想定される事業期間に応じて、求められる資本力、企画力、事業マネジメント能力、経営体制等を明示することが考えられる。根拠の不明確な過度な実績主義は慎むべきだが、こうした能力を客観的に評価するには、対象事業に近しい事業の実績を確認することが手っ取り早いことは確かだ。ほかにも、官民協

働の実績や公的事業に対する理解なども考慮すべきだ。公的事業である以上、一定の利益とともに公的な事業目標を共有する覚悟が民間事業者にも求められる。

⑥　部門横断・複数自治体による連携事業の立ち上げ

　公共側からの事業の発意は、単独自治体の、所管部門単体でなされることが一般的だが、民間から見ると事業が縦割りで域内に限定されることによる非効率性がある。裏返して言えば、縦割りや域内限定という枠を外せば、より付加価値の高い事業を提案できる余地がある。例えば、道路や水道といった基礎インフラであれば、自治体が異なっても運営の基本的な要素は共通していることから、広域化できれば効率性が向上し、規模が拡大することで民間事業者の新技術等の投資余地が高まる。第3章で述べたように、バイオマスを活用した事業などでは、自治体内の複数の部門を横断して、廃棄物、下水、農業系等の活用度を高めることもできる。

　問題は、民間事業者が部門、自治体横断的な事業を提案しようとした際、どのように複数自治体・複数部門への提案を行うかである。民間事業者が複数の部門・自治体を一つずつ回って事業をまとめていくのは現実的ではない。

　解決方法の一つは、都道府県がまとめて事業提案の窓口となる方法である。近年水道や下水道では、経営を担う市町村の運営基盤強化のため、都道府県の役割が高まっている。水道では、広域化されている東京都を除く全ての道府県で、水道事業者が参加する協議会が設置され、運営基盤の強化に向けた検討が始まっているため、民間提案の窓口として機能することも期待できる。

　別の方法として、官民連携に関心のある市町村や企業による検討会を立ち上げ、広域的な事業の可能性を探る方法もある。九州PPPセンターでは、周辺地域の自治体と民間企業が参加し、公共施設を官民

協働でどのように更新するかを検討している。同じような課題を有する複数の自治体が参加することで、事業を取りまとめるという発想が出やすくなる。自治体側が自ら広域化を図ろうとすると過去の経緯や政治的な問題が関係して議論が進みにくくなることもある。九州PPP センターのような中間団体が存在することで、民間企業からの提案が各自治体にメリットを想起させ、広域化に向けた合意形成が進む可能性もある。

（2）事業者選定プロセス

　事業内容を検討した後は、事業者選定のプロセスに入る。民間事業者の提案をベースに検討を進めていく場合、いわゆる匿名随意契約により競争を経ずに当該企業と契約できるべきという意見もある。しかし、競争無しで契約できるとなれば、提案企業には事業コストの最適化や質の向上を図ろうというインセンティブが働かないため、何らかの競争的プロセスを経ることは必須である。ただし、どのような競争を課すかについては検討を要する。事業者選定が、事業のアイディアを創るための労を取り、成果を提供する企業から不合理に見えれば、誰も事業提案をしなくなる。適度の競争と提案企業の意欲のバランスを図ることが民間提案に基づく業者選定の要点だ。

① 徹底した性能発注を基本とした正式公募

　正式なプロセスは事業者選定の公告からスタートする。この時点で、公共側はアイデアを提案した企業の事業内容を把握していることになるが、その事業内容を条件として全ての事業者に開示すると、当該の事業内容を実現するための技術やノウハウが提案企業に限られていない限り、価格競争に陥る可能性がある。

　官民協働事業の公募は、達成すべき性能を提示し、性能を達成する具体的方法について提案を求める性能発注が基本だ。

　性能はできるだけ客観的に、できるだけ数値で示せるものが望ましい。水道であれば水量と水質であり、老朽化した公共施設の建て替えであれば提供されるキャパシティ（公営住宅なら戸数、学校なら生徒数、病院なら患者数等）である。数値で示すことが難しい場合もある。道路の維持管理であれば、「通行に支障がない」ことが求めるべき性能だが、数値として表現するのは難しい。こうした場合は、求める性能を文章で規定し、その確認方法を具体化すれば性能発注における性能要件になり得る。例えば、舗装面の穴やひびが24時間以上放

置されない等を要件として、そのモニタリング方法の提案を求めることが考えられる。

前項で「全体プラン自体の提案を求めるスキーム」に触れた。日本でも民間からの提案の範囲は拡大する傾向にある。評価や条件が曖昧にならないよう、整備や更新の実施率等により性能規定することがますます重要となる。

数値による指標として、提供されるサービスの利用者の満足度等を指標とすることも考えられる。こうした指標は主観が入り込むため、民間事業者が達成をコミットすることは困難だ。しかし、その達成方法に関する提案を求めることは、公共側として達成したい目標を分かりやすく伝えることに加え、全体計画に対する民間のコミットメントを求める点で意義がある。結果に対してではなく、自らが提案した目標達成への履行義務を課すのであれば、公共側のニーズと民間の提案の意欲を両立することができる。

② 競争的対話方式で業務仕様の確認、協議

徹底した性能発注の考え方により事業者選定を行う場合、上述した通り、事業者が提案するのは性能達成の具体的な実施方法、すなわち業務の仕様である。性能発注を徹底すればするほど、業務の仕様に提案者の技術やノウハウが反映されるが、その全てが公共側のニーズに合致しているとは限らない。

そこで効果的なのが競争的対話である。競争的対話では、応募者から具体的な提案を段階的に求める。道路の維持管理であれば、道路の状態確認のために設置するセンサーの仕様や設置場所、データ収集の方法、不具合が見つかった場合の対応方法、修繕が必要な場合の工法の選択方法等が提示される。それに対して、センサー設置の可否、混雑時の維持管理の問題等、公共側の懸念を指摘し、より公共側のニーズや実情に合った提案となるように検討を促す。公共施設の集約であ

れば、具体的な集約プランや余剰地の活用方法等に関する提案を求め、公共側としての懸念点やニーズとの乖離などを伝えるための対話を行う。

　民間側は公共側の指摘を全て受け入れる必要はない。公共側の指摘を受け入れることによるリスクは民間側が取ることになるから、自らの提案内容の根拠を説明し、公共側の指摘を受け入れた場合の影響などを説得しなくてはならない。こうした双方向のやり取りにこそ対話の意義がある。

　このように競争的対話では、民間が提案する業務仕様と公共側のニーズや意向を確認し、必要に応じて協議、交渉を経て、応募者ごとに業務仕様が固まっていくことになる。対話のプロセスで、官民双方が当初の性能要件や提案内容に新たな条件を付すことが必要と合意した場合は条件を追加することも可能である。

③　民間からの提案の総合評価

　対話が終了したら、民間から最終的な提案書を受け評価を行う。前述したとおり、日本の総合評価では実態として第三者が事業者選定の決定権を握っていることが多い。審査委員会の構成をみると行政委員より外部委員が多いのが一般的であり、行政委員を参加させないという方針を持つ自治体もある。

　恣意性を排除しオープンな事業者選定を行うという視点からは、行政委員を参加させないのも一つの選択肢ではある。技術的な検討が重要な事業であれば、専門的知見を持っている外部の専門家だけで客観的に評価するほうがより望ましい面もある。

　しかし、本書で対象としている付加価値の高い官民協働事業では官民双方の信頼関係が何より重要である。特に、計画段階から官民協働で検討を行う事業などでは、提案の段階で事業内容を確定することが難しいため、「何をするか」より「どのようにするか」や「誰がやる

か」が提案内容の中心を成す。このような場合に、一時的にしか事業に関わらない第三者が主導する慣行に従って評価、選定を行うのは望ましくない。

　官民が新たな協働にチャレンジしていくためには、公共側が評価を主導し、その妥当性、客観性、プロセスの透明性を有識者が確認するという総合評価本来の考え方に回帰することが必要ではないか。

④　案件形成への寄与度に応じた提案者へのインセンティブ付け

　民間のアイディアを事業に採用したり、民間提案制度に基づき事業内容を具体化した場合には、提案者の労に報いる仕組みを検討する必要がある。前述したとおり、事業者選定においてアイディア提供者を優先する仕組みがない限り、民間事業者から実効性の高い提案は得られないからだ。

　事業者選定段階のインセンティブとしては、大きく二つの方法が考えられる。一つは、総合評価における提案内容（非価格評価）の点数をかさ上げする方法である。アイディアを提案した企業が案件形成にどれだけ貢献したかに応じて、かさ上げする点数を変えることもできる。概ね、提案内容の点数の５％程度を上限に設定することが考えられる。もし契約金額が100億円の事業の場合で、価格と提案内容の比率が50：50であった場合、５％のかさ上げは価格にして2.5億円程度に相当する。提案企業へのインセンティブとして一定の効果を期待できる。

　もう一つは、企業が提案した事業内容と価格を公開し、チャレンジ提案、すなわちそれよりも低い財政負担で同じ性能要件を達成できる提案があるかどうかを募集する方法である。対抗案が出された場合は通常の事業者選定プロセス、出されない場合は随意契約のための交渉に進む。民間提案型事業では、通常のプロセスで事業者選定を行っても、応募者が提案企業のみとなることが十分に起こり得る。複合的で

第４章　実現に向けた課題解決の方策　223

複雑な事業や民間によるリスク投資の比率が高い事業は、提案の作成負担が大きいことからこうした傾向が強い。

　しかし、民間から付加価値の高い提案を求めるためには、このような傾向を過度にネガティブに捉えるべきではない。重要なのは応募者数ではなく公正さであるからだ。そのために、ここで示したプロセスを採用する場合には、提案企業による事業内容と価格の開示方法、チャレンジ提案の募集方法が重要になる。提案者の労や営業秘密などを尊重し、他企業に対抗提案の意欲を与え、公正さを維持できる開示方法を模索しなくてはならない。重要なのは、提案企業の提案内容に頼るのではなく、あくまで自治体公共側が達成したいと思う「性能」とその背景にある理念や自治体としての運営方針を明確に述べることが性能発注の本論であることを確認することだ。

　チャレンジ提案の募集期間は、通常の事業者選定の期間との比較を考慮すると、最低でも2〜3カ月は必要である。チャレンジ提案に十分とは言えない期間では公平性に疑義が生じるが、シンプルな内容とし、長い期間をかけさせて過度に細かい提案を求めないことも重要だ。シンプルな提案に可能性があれば、その後のプロセスで内容のある提案を求めればよい。提案プロセスは自治体の説明力が求められるところだ。

　日本ではチャレンジ提案は行われてこなかったが、民間提案を活発化するために有効な方法である。入札制度の中で位置づけるか、競争的な随意契約として位置づけるかの議論はあるが、事業者選定の正式なプロセスとして制度化されることが望まれる。

図表4-6 チャレンジ提案のプロセス

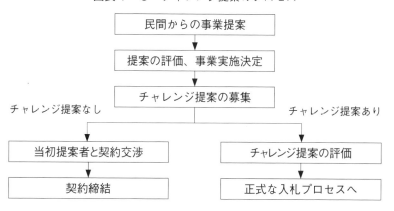

（3）柔軟な運用

性能発注に基づき事業者を募集して契約する場合、実態としての契約交渉が必要となることは既に述べた。加えて、付加価値の高い事業では契約時点で確定できない点が多いことにも留意が必要だ。典型的なのは、性能達成のための包括的な計画策定から事業に至るプロセスを含む事業である。BSF のように学校施設の更新及び統廃合に関する目標を設定し、達成のための計画策定を起点とする事業を想定した場合、契約締結時の計画は自治体と民間の間で合意していることになるが、複数施設の計画の全てについて合意するのは時間がかかりすぎる。

そこで、事業開始後の見直しを前提とした柔軟な契約と運用が必要となる。従来の PFI 事業では、入札時に提案された計画を一切変更せず、その通りに事業を実施することを求めるという考え方もあったが、それでは本書で提案する付加価値の高い事業の成功は難しい。関係者との協議の状況や、事業期間中に変化する社会環境を考慮して、常に最適な事業内容を追求できる仕組みを作ることも、官民協働事業のノウハウの一つと言える。

問題は、柔軟な変更が可能とした場合、当初の計画の位置づけが低くなるため、事業者選定における提案のコミットが弱まること、結果的に公募時に非現実的なことを提案して後から修正をかけるといった不誠実な事態が生じるリスクがあることだ。こうした事態を想定し、柔軟な変更を前提としつつ、一定のルールを設けておく必要がある。これにはいくつかの方法が考えられる。

一つ目は、当初計画を見直した場合に、事業計画の変更手続きを行い、変更による事業者のコスト変動を確認し、それに伴って自治体からの対価を見直す方法である。事業者選定時の公正さを保つことができるメリットがあるが、手続きが煩雑で、コスト変動が適正かどうかを確認する手続きも求められる。

次に考えられるのは、予め事業内容を変更した場合の金額変更の
ルールを決めておく方法である。経済指標や面積といったできるだけ
単純な指標で算定ルールを決めておけば、変更の負担は軽減される。
しかし、質的な要素を考慮しにくいことから、民間側に質向上のイン
センティブが働かない可能性がある。

　性能発注の考え方を徹底するのであれば、達成する性能が変わらな
い限り民間側で一定のコスト変動を吸収するべきという考え方もあり
得る。自治体にとってリスクが低いように見えるが、民間として十分
なリスクコストを設定するため、相対的に財政負担が大きくなる可能
性もある。

　逆に、事業実施段階のコストを開示させ、原価に一定の利益率を上
乗せして支払うことも考えられる。この場合、制限なく原価が増えな
いように、上限を契約で合意する方法や、契約時点で目標金額を決め
ておき、そこからの変動分を官民でシェアする方法等が考えられる。

　契約締結後の柔軟な見直しは、民間事業者の参入を促し、事業の持
続性を高めるためには必要であるものの、特定企業との交渉となるた
め、透明性の高い手続きと説明責任が求められる。事業の内容に応じ
て、適切な方法を選択することが求められる。

④ 財政制度への対応

（1）現行制度から見た課題

　本書で述べた官民協働事業は財政面でも以下に示す五つの課題がある。

①　長期の債務負担に伴う課題

　官民の協働事業は付加価値を増すほど事業期間が長くなると考えていい。民間から見ると、投資を回収し十分な利益を出すために長い時間がかかるからであり、公共側から見れば、長期で契約することで多岐にわたるサービスを整備し安定させることができるからである。PFIでは30年の事業契約があり、コンセッションでは45年の契約も出ているため、長期の契約により支払負担を負うこと自体に手続き面での問題はない。今後、自治体が官民協働の名の下に、民間依存を高めた場合に問題になるのは、長期債務負担による歳出の固定化だ。ただでさえ、自治体の経常収支比率は90％を超え、歳出の柔軟性が低下しているから、長期債務負担の拡大は自治体の財政的な自由度をさらに限定する方向に働く。

　自由度の低下で懸念されるのは、対象となる事業の収益や財政状況の目論見が外れた場合だ。状況は異なるが、財務的な目論見が外れたことで事業の継続ができなくなった例はある。付加価値の高いPFI事業として期待されながら短期間で契約破棄に至ってしまった高知県・高知市、近江八幡市の病院PFI事業では、事業のガバナンス上の問題などが原因と指摘されているが、財務構造上の問題もある。病院PFI事業は、病院の会計の中からPFI事業者への委託費が支払われる。ここで契約構造上PFI事業者への委託費は固定される一方で、新規病院の収入は予想通りにいかない。両病院では新規立地で外部収

入が変動したことで、固定的な PFI 事業者への支払との間で病院経営がひっ迫した。官民協働で広い分野の業務を長期にわたり民間事業者に委ねると、予測しがたい財政の変動と民間事業者への委託費の狭間で苦しむ可能性がある。

② 民間事業者へのインセンティブ付与

　民間事業者の裁量を多くすればするほど、民間事業者の取り組みの成果の幅が広がる。そこで頑張って成果が上がれば収益が増えると思えば民間事業者は努力する。人材を供給する民間企業は収益が上がるように努力するためのモチベーションの仕組みを内包している。長期の事業でモチベーションを維持するためには、人材を供給する民間企業にビルトインされたモチベーションの仕組みを利用することが有効だ。そのために欠かせないのが成果に応じたインセンティブの付与だ。

　こうした理解がありながら PFI 法が制定されて 20 年経っても本格的なインセンティブの仕組みが導入された事例は少ない。背景には自治体の予算主義、単年度会計、費目間の融通の制約がある。計画主義指向の強い自治体の財務運営では、予め決められた費目の予算を単年度ごとにしっかりと守ることが健全という理解がある。財務計画の予測性が高く歳出入環境が安定していれば、こうした考えも成り立ち得る。しかし、人口減少の中で、計画主義的な財政運営を続けていけば地域が縮小傾向に陥ることは避けられない。自治体であっても、積極果敢に経済的な成果を求めなければ大幅な縮小から抜け出すことができないというのが、いわゆる増田レポートが示唆するものであり、そのための手段が一層の付加価値を求めた官民協働と言える。こうした理解なしに、いたずらに協働の範囲を広げると、柔軟性を必要とする事業と硬直的な財政制度の間で矛盾が顕在化する。

第 4 章　実現に向けた課題解決の方策　*229*

③　契約時に確定していない支払いの処理

　事業の計画段階から民間事業者と協働し、事業の期間を長く、範囲を広くすると、事業期間中の全ての支出を予想することはできないと考える必要がある。事業の計画段階から民間事業者が参画すると、新しい業務が作られる可能性もあるので、事業開始前に支払いを確定することは不可能である。

　一方、契約時に確定していない支出の処理については過去のPFIでも一定の実績があるので、インセンティブの付与に比べるとハードルは高くないと思われる。ただし、現行制度の下で実施するには、上述した日本の財政制度の計画性に基づいた処理が必要となる。例えば、従量制に基づく委託費の支払いは、予め支払額の算出のロジックを決めることはできるが、対象となる業務等のボリュームを確定できないケースと捉えることができる。これを、対象となる業務の種類を想定し、委託費の算定ルールを決め、変数となる処理量などが確定した段階で最終支払額を確定するための仕組みと考えれば、業務量が変動する分野ではかなり広く適用できる。ただし、それでもカバーできる業務範囲は限られる。

④　民間事業者との役割分担に応じた負担の調整

　長期にわたり計画段階から民間事業者と協働すると役割分担が曖昧になりがちだ。また、事業環境の変化に応じて役割を見直さないといけない場合もある。この辺りを曖昧にすると、かつての第三セクターの二の舞になる可能性も否定できない。長期にわたって効果的な協働を行うためには、官民双方の適性を踏まえ、事業環境の変化に応じて役割を協議できる契約やルール面での枠組みが必要だ。

⑤　自治体間の負担配分

　本書では複数の自治体が連携した官民協働事業を前提にはしていな

い。しかしながら、規模の小さな自治体が本書で述べるような長期か
つ広範な官民協働事業を行うことは、事業の効率性、立ち上げに関わ
る業務的な負担や知見の不足等で効率的とは言えないケースが生じる
はずだ。本書で述べるような官民協働を最も必要とするのは、インフ
ラ整備などの事務的な負担を負えなくなる中小の自治体であることを
考えると、複数の自治体による事業を想定した対策を検討しておく必
要である。

　複数の自治体で事業を実施する場合に想定される問題は、事業者の
選定時と事業の実施期間に分かれる。事業者の選定時においては、全
ての参加自治体にとって最良の事業者をどのように選定するかであ
る。事業内容によっては、ある自治体にとってはＡという事業者が最
良であっても、他の自治体にとってはＢという事業者が最良という
ケースが生じる。事業の実施段階では、民間事業者への支払いをどの
ように配分するかが課題となる。例えば、前章で示したインフラ維持
管理事業の場合、民間事業者の業務量は自治体ごとに毎年変わるか
ら、正確な負担の配分に拘ると毎年民間事業者の業務内容を査定し、
負担額を分配しなくてはならない。そのための事務負担は小さくな
い。複数自治体による効率的な事業を目指すのであれば、こうした事
務負担はなるべく減らしたい。

第4章　実現に向けた課題解決の方策　*231*

（2）現行制度との整合性確保のための方策

① 長期の歳出固定化に関わる方策

　長期間民間事業者に委託するのであるから、ある程度歳出が固定することは避けられない。固定化と自治体の状況と支出のズレが少しでも小さくなるようにするためには、民間事業者への支払いを固定費と変動費に分け、変動費の割合をできるだけ多くすることである。例えば、前章で述べたインフラの維持管理業務の場合、監視システムの運用と同システムから得られるデータを分析するための人件費、事業体の管理運営のための人件費は固定的に発生する。

　一方で、システムの構築費については、できるだけオープンなクラウドサービスの割合を多くすれば、システム構築費が固定化する部分を小さくすることができる。修繕や更新が必要になった場合の調査、仕様策定に関わる経費や人件費については、修繕や更新が必要になった時点で都度、官民双方で処理の準備を始めればいい。ただし、自治体側では予算化のために、民間側では人材の手配等の準備のための時間が必要となるので、修繕や更新が必要になってから一定の時間を経て実務的な措置が行われるプロセスを合意しておくことが必要になる。その場合、緊急性のある修繕等に対処するためにプロセスを検討しておくことも必要になる。

　こうして固定部分を少なくしても、契約が長期にわたる上、変動要素が多いために吸収できない部分は残る。そこで必要になるのは、契約に修正条項を含めておくことだ。ただし、理由もなく変更されると思われると民間事業者が参加しなくなるので、修正条項が効力を発揮させる条件を明記しておくことが必要だ。例えば、人口減少や歳入が当初想定した範囲を超えて悪化した場合、市町村の統合などが行われた場合など、変更が合理的であるケースだ。その上で、修正の条件についても決めておく必要がある。例えば、双方合意を前提すること、合意から修正の実施までしかるべき期間を設けること、それまでの単

価や費用構造を前提とした協議を行うこと等である。

②　インセンティブ付与に関わる方策

　インセンティブを付与するには、自治体の財務運営の計画主義とどのように整合させるかが重要だ。そのために考えられるのは以下のような方法だ。

　一つ目は、予算に一定の余裕をつけて支払額を設定することである。理論的には、例えば、予算の8割程度に支払額を設定して良好な成果が出た場合に2割の余裕の範囲内でインセンティブを支払うことができる。しかし、財政状況の厳しい中、長期にわたり余裕のある予算を獲得することは容易ではない。

　二つ目は、インセンティブ自体を予算化することである。良好な成果が出た場合には、当該予算の中から、インセンティブを支払えばいいが、発生するかどうか分からない費目を予算化することになるため、予算上容易ではないことは一つ目と同じである。

　三つ目は、次年度以降の支払いに反映させることである。良好な成果が出た場合には、民間事業者のサービスの価値を上がったものと捉えて、次年度の料金の単価を予め定めた範囲内で上げるような契約が考えられる。翌年度に対象年度の業務の後払いを行うと解釈すると会計的な処理が難しくなる可能性があるので、対象年度までの実績を根拠に次年度以降のサービスの単価を改訂するような建てつけとする。

　いずれにしても、自治体内での検討が必要だが、民間事業者のモチベーションを長期にわたり維持するために必要な財政的な措置として取り組むことが望まれる。一方で、サービスの質の定型的な評価で、財政面の根拠もなくインセンティブを支払うと、自治体の財政の負担になる。インセンティブについては、光熱費が減った、維持管理に関わる支払いが計画より減った、あるいは対象となる事業の範囲外で経済的な効果があった等、支払い原資が明確になるような枠組みが必要

第4章　実現に向けた課題解決の方策　*233*

と言える。

③　未確定の支出に関わる方策

　未確定の支払いの処理については、いくつかの段階が考えられる。

　一つ目は、従量制の支払いのように、委託費の算定式を決め、支払期末に算定式の中の変数が定まったところで委託費を確定する方法である。例えば、将来人件費などについては、過去の実績から人件費に影響を与える要素を抽出して算定式を作り、人件費が一定以上変動した場合に当該算定式によって人件費を変更することが考えられる。分かり易い方法であるが、対象となる費目が分かっており算式を決めるための実績データが必要になるので、対象は限定される。また、過去の実績に応じて算定式を定めるため、将来過去の経緯とかけ離れた条件下で費用が変動した場合に、合理的でない追加費用等が発生する可能性がある。

　二つ目は、明確な算定式は決められないが、概ねの単価を合意することで支払額を確定する方法である。その根拠となるのは民間事業者の過去の支出実績と単価である。事業契約の締結時に民間事業者は見積もりの根拠となる資料を提供し、事業開始後、毎期実際の業務に要した作業工数、経費、人件費等の単価を記した資料を自治体側に開示する。民間事業者の財務データを官民の間でオープンにすることから、オープンブック方式と呼ばれる。契約当初に見積もっていなかった業務が発生した場合、オープンブックに記載された作業工数や単価を参考に官民で支払額を協議することになる。前項の算定式を作る方法より適用範囲は広がるが、過去に実績が参考にならないような業務が発生した場合には適用できない可能性がある。

　三つ目は、算定式も単価も定められない場合に支払額を協議する仕組みを合意しておくことだ。例えば、作業工数と単価は過去の実績あるいは類似業務の実績を参考にする、両社が合意した第三者の評価機

関による評価を受ける、あるいはできるだけ第三者に委託する等が考えられる。

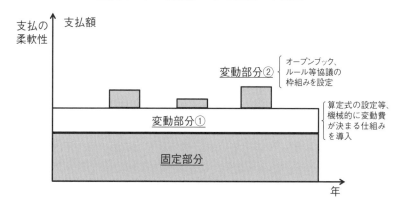

図表4－7　自治体からの支払いの構造

④　官民の負担調整に関わる方策

　事業期間中に官民の役割分担に変化が生じた場合、民間事業者の役割が増えた場合は、前項に述べた算定式やオープンブック方式等で支払額を確定すればいい。逆に、民間事業者の役割を減じる場合は、そこまでの実績や契約時の見積もりに基づく費用に逸失利益の全部ないしは一部を差し引いた額を上乗せすることになる。

　こうした手続きを円滑に実施するためには、定常的に官民の役割分担について話し合う場が設けられている必要がある。唐突な支払い負担の変更の協議は官民の間に亀裂を生むリスクがある。その上で、事業契約には当該の話し合いによって支払額の変動があり得ることを合意しておく。この点は前項の未確定の支払いについても同じである。財務内容を開示することに抵抗を感じる民間事業者がいるかもしれないが、長い事業期間中に事業内容に変更が生じるのは当然と考え、定常的な協議の場を作るべきである。

⑤　自治体間の負担調整に関わる方策

　複数の自治体が共同で事業を実施するには二つの方法がある。

　一つは、ある自治体が代表して事業を実施し、他の自治体が代表の自治体に事業の中で実施される業務を委託することだ。手続き的にはシンプルだが、前章で取り上げたような長期かつ広範事業では妥当な委託費を算定することは簡単ではない。また、ここまで述べたような、変動要素、未確定の要素を全て自治体間で処理しなくてはならない。代表となる自治体は民間事業者との間でも変動要素、未確定要素の処理をしなくてはならないので、事務的な負担はかなりのものになる。特に高い事務処理能力を有する自治体を抱える地域に限って可能な手段と言える。

　もう一つは、一部事務組合や広域連合のように複数の自治体が一つの事業体を構成して事業を実施する方法である。自治体間での負担配分の問題が完全に解消される訳ではないが、独自の予算の下で活動できるので付加価値の高い官民協働事業を広域化するのには有効である。また、官民協働事業を通じて地域振興や域外展開を目指すのであれば、広域連合のほうがより趣旨に合うと考えられる。

　いずれにしても、特定の目的の事業を実施することを前提としている制度なので、本書で述べている官民協働事業に合った使い方を考えないといけない。今後多くの自治体で財政面、人材面での不足が顕著となる。新しい制度を待つのではなく、既存の制度を上手く使って複雑な条件の事業についても自治体間の協働の実現を目指していくべきだ。

　アメリカの地方部にいくとインフラ運営などの事業は、複数の自治体が共同して公社のような事業体に任せているケースを見ることができる。日本の公社に比べると民間企業のような意識を持って効率的に事業を運営している。事業体にインフラ運営を任せる分だけ、自治体は住民とのコミュニケーションに力を割き、住民にとって身近な存在

になることができる。人口減少を目の前にした日本の自治体は、住民と触れ合う業務に職員の力を集中すべきなのだろう。一自治体で完結することを基本としてきた日本の自治体が今後目指すべき姿ではないか。アメリカの公社的な事業体も特定の目的の下に運営されているが、革新技術の導入など、時代のトレンドに即した事業運営を行ってもらうためには、先進事例に学びながら、目の前の課題をいかに解決するかを考えるべきなのだ。そうした自治体運営のイノベーションこそ、人口減少時代にも魅力を失わない地域づくりを可能とする。

⑤ 日本型公共サービスの海外展開

① 官民協働事業の広域化

　官民協働事業で事業の計画から実施までを手掛ける事業基盤ができ、しばらく事業を運営していくと、対象事業に関する知見が地域に蓄積される。ここで官民協働事業が地域に留まれば、経済的な効果は協働事業による効率化が主なものとなる。第3章で例示した高齢者介護サービスのような仕組みであれば、地域の事業者の業容が拡大する可能性もあるが、そのためには地域で培った知見を域外に展開するだけの素養を持った事業者が存在していることが前提となる。しかし、例えば、高齢者介護の事業で大手企業が運営する施設が立地しており官民協働事業と連携した場合、当該施設は大手企業のネットワークの下、その地域で事業を営んでいる訳だから、域外に事業を拡大することは期待できない。

　地域で培った知見を域外に展開するために最も有効なのは官民の共同事業体自らが域外に事業を展開することだ。例えば、環境分野の共同事業体であれば、計画から施設運営のバリューチェーンの中の適当な部分を、近隣の自治体の事情に応じて提供することが考えられる。最近のように、公募しても1社入札に終わる、あるいは不落も日常的に起こるという状況の中で、地方部を中心に従来型の調達制度に拘ることの意義が問われる。もちろん、近隣自治体の事業者についても入札を課してもいいが、前項で述べたようなしっかりとしたコスト管理をしているのであれば、随意契約で事業範囲を拡大していくことを考えてもいい。

　共同事業体により域外に事業を拡大する自治体が出てくると、事業を受託する側の自治体と事業を委託する側の自治体の間で経済的な差が生まれることになる。こうした差を後ろ向きに捉えるのではなく、

新たな地域の枠組み作りに寄与すると位置づけるべきである。人口減少が避けられない状況で、各自治体が今までの地域的な線引きに拘っていては広域で地盤沈下が進むだけだ。人口減少の時代に地域が生き残っていくために自治体間の連携を進めなくてはいけないのは論を俟たないところだから、公共サービスの実施能力が特定の自治体に集約していることがあってもいい。他地域の事業体を委託することを拒み、各地域が独自に事業体を立ち上げれば、地域ごとの小さな事業が増えてしまう。

　先に述べたように、日本の公共サービスやインフラを維持していくためにはIoTの投資が欠かせなくなる。ある地域で生まれた共同事業体が広域に事業を展開していけば、事業規模が拡大し、こうした投資ができる可能性も高まる。市町村レベルの広域化が県レベルの広域化に広がれば可能性は更に高まる。一方で、地域ごとに小さな事業体が点在し、IT投資もままならなくなれば、いずれ人材やIT投資を域外の大手企業に頼らなくてはならなくなる。前述したように、人材不足は大手も同じだから、地域は言い値で大手企業のサービスに応じなくてはならない時代が来る可能性が相当にある。これからは、広域単位で公共サービスやインフラの維持のための自立的な意識を持つことが重要なのだ。

② 官民協働事業の海外展開

　自治体の中で生まれた官民協働事業体が事業を拡大していくための最も現実的な手段は、上述したように近隣地域を中心に事業を拡大していくことだ。しかし、日本全体で見ると、これでは既存の自治体の事業を配置し直したゼロサムゲームであることは否めない。地域が生き残りを問われているように、日本も世界経済の中での地位の維持が問われている。日本全体のことを考えるのであれば、地域で生まれた官民協働事業が海外に展開することを期待したい。

第4章　実現に向けた課題解決の方策　*239*

日本ではインフラ輸出が重要な政策テーマとなっている。世界的に
トップレベルにある日本の技術をもってすれば、もっと海外市場を開
拓できるはずだという考えが背景にある。今でも日本の技術への期待
が高いことは確かだが、もはや技術力だけで売れる時代ではないし、
日本の技術の優位性は年々低下しているように思える。毎月のように
東アジア地域に足を運んでいる立場から見ると、残念ながら、日本の
技術力への期待が低下していることは否めない。今、日本に期待され
ているのは、高い技術があることを前提とした、信頼できる仕事ぶ
り、丁寧な対応等だ。つまり、何を売るかではなく、誰が売るか、あ
るいは誰が運営するかが問われる時代になっているのだ。

　そこで重要になるのが、例えば、水道の施設や機器を売るのではな
く、水道の運営事業者が事業を展開することなのである。言い換える
と、メーカーの海外進出よりも、水道局の海外進出への期待のほうが
高い。世界の水市場でフランスのメジャーが長い間強さを保っている
のは、彼等が水道局を代替するような包括的な業務を手掛けてきたか
らである。第2章で述べたように、シンガポールが国内で培った価値
を何倍にも拡大できたのは、港湾、空港などの事業者が海外に展開し
たからだ。同じことは、廃棄物処理、鉄道、発電等あらゆるインフラ
事業に当てはまる。

　しかし、日本では自由化された電力事業の海外展開が盛んなくらい
で、公共サービスの分野では水道局が民営化して海外展開するような
動きは見られない。大型のインフラ事業の分野で期待できるのは、コ
ンセッションが普及し、そこで成功した事業者が海外に展開するとい
う姿くらいだ。

③　住民向けサービス PPP の日本の競争力
　一方、本書で扱っているテーマは上述した大型のインフラ事業とは
やや異なる状況にある。コンテンツ自体に差別性があるからだ。中

国、東南アジア等では、国内経済の成長と国民所得の上昇で快適な生活環境へのニーズが高まっている。中国などでは、これからも高速道路や鉄道の整備が進むだろうがピークは過ぎている。日本で言えば1980年代のイメージだ。大都市の一部では日本も凌ぐほどインフラが整備されているのだから、今後はペースは落ちていくはずだ。

　一方で、例えば、医療サービスの環境整備はまだまだだ。廃棄物処理も焼却施設の性能は上がったが、分別収集やリサイクルが浸透するのはこれからだ。近代的なマンション、大都市のホテル、あるいは海外旅行などを経験している人達にとっては大きな格差を感じる公共サービスがある。今後中国や東南アジア諸国が独力でサービス体制を構築していく可能性もあるが、海外からノウハウや事業資源を導入したほうが手っ取り早いと考える可能性もある。特に、世界第二の経済大国となった中国は、最近、良いものなら多少高くても購入するケースが増えているため、日本で培われたサービスを取り込む可能性は十分にある。

　住民向けの公共サービスの海外展開については二つの点で、大型のインフラに比べて日本が有利になれる事業環境がある。

　一つ目は、既に述べているように、日本のPPPが自治体中心に発達してきたため、欧米等に比べてコンテンツ、実施体制、政策的な枠組み等で一歩先んじていると考えられるからだ。

　二つ目は、100年を超える歴史のある水市場などに比べると、こうした分野では欧米諸国にもまだ強力な事業者がいると思えないからだ。

　三つ目は、地域社会の共通性だ。アジア諸国はどこの国でも、日本のように大都市に人口と経済が集中し、地方部との経済的な格差が広がっている。土地の利用密度も高いところが多い。将来的には少子高齢化が急速に進む点も共通している。

　住民向け公共サービスには大型のインフラ事業と異なる点がある。

最も大きいのは、行政、地域住民との接点が多く、協働が欠かせないことだ。例えば、水道事業の委託やコンセッションでは、民間事業者が自治体と事業契約を締結すれば、双方の間に明確な線引きをして事業を進めることができる。住民との接点も限られる。しかし、住民向けの公共サービスでは、官と民が協働しなくてはならない領域が多く、地域住民への説明、啓蒙や交流活動も欠かせない。これは、住民向け公共サービスの海外展開では官民の共同事業体だけでなく、政策的な知見と経験を有する自治体との連携が売り物になることを意味している。具体的な事業を例に考えてみよう。

④ 環境事業の海外展開

　第3章で述べたバイオエネルギー事業を例にすると、近年中国や東南アジアでも廃棄物の適正処理が重要な政策課題になっている。かつては廃棄物を埋め立て処理する国が多かったが、用地の問題、衛生面での問題などで焼却処理へのニーズが増えている。中国のように、温暖化政策に力を入れている国では、本書のような再生可能エネルギー事業としての位置づけが高まっている。その結果、焼却炉のニーズが増えているのだが、日本の焼却炉の競争力が際立って高い訳でない。ダイオキシン問題を克服しエネルギー効率も向上した日本の焼却炉の性能が秀でていることは間違いないが、中国製などは圧倒的なコスト競争力があるし、日本ほどの性能を求めない国も多い。アジア諸国で競争力があるのは、単体の設備ではなく、廃棄物の分別、収集、リサイクル、処分を含めた全体的なシステムだ。汚泥処理やバイオガス生成の設備についても、設備自体よりも処理後の措置やバイオガスの利用まで含めたシステムへの関心が高い。

　こうした一連のシステムを海外に展開していくためには、まずは、日本と同じように複数部署に分かれた事業を連携させていくためのプランニング、政策づくり、庁内の合意形成のためのノウハウが必要に

なる。日本ほど複雑な補助金制度がある国は少ないが、政策資金、市場資金を含めた資金調達や料金徴収などによる資金回収計画も必要になる。その上で、住民との協議を重ね、合意を取り付け、地域としての事業推進の意思決定を行うことになる。

こうして事業の枠組みができたところで、PPP事業として進める場合は、その国の入札制度やPPPのガイドラインなどに沿って資料の整備、手続きを行い、日本での官民対話を活かして事業の立ち上げ方法を提案していく必要がある。

住民向けサービスのPPP事業を海外に展開していくに当たって必要なのは、サービス、システム、設備等の売り込みではなく、こうした事業の立ち上げのプロセスだ。いかに優れたソフトウェアや設備があっても、相手の国や地域にそれを調達するための仕組みづくり、合意形成、推進体制がなければ、事業として立ち上がることはないからだ。一方で、公共調達である以上、どこの国でも制度に則った公正なプロセスを経て事業を選定しなくてはならない。ここで、公的な制度の制約と民間の知見を活用するための対話や事業者選定などの整合性を取るための日本国内での経験が生きることになる。

⑤　日本の知見の輸出で長期の基盤を作る

第3章で述べた高齢者介護の事業を展開する場合には、もう一工夫要る。環境事業のように日本製の設備等を納入することが目的にはならないからだ。本書で述べた事業を展開することによる経済的なメリットは、高齢者向けのサービスを手掛ける日本企業の海外進出であろう。そうであれば、計画づくりに入る前に、日本の事業者と対象国の事業者の共同の勉強会や交流の場などを設置し、先方の国内で対象事業に対する官民の関心が高まり、日本企業との提携の雰囲気作りが進んだところで、事業の計画に入る等のプロセスが考えられる。そこで日本企業と海外企業のコラボレーションが生まれれば双方にとって

メリットになる。そうした日本企業の海外進出が進めば、例えば、高齢者向けの IoT のシステムや機器を普及していく基盤もできるはずだ。

　事業立ち上げのためのプロセスをコンサルティングし、公正な調達に付したのでは日本企業が受注できるとは限らないではないかという指摘があるかもしれない。その通り、100％受注できる可能性はない。しかし、経験的に日本で培われた知見を持った自治体職員やコンサルタントが相手国の地方政府や公社などに、上述した事業の枠組み作りに加え、システムや設備の仕様までアドバイスすれば、特段の恣意がなくても日本企業に有利な土俵ができ上がる。日本の自治体職員やコンサルタントの知見は日本での経験に根差しているからである。その上で、日本で育った事業スキームが前提となって事業の条件が設定され、そうしたスキームの下での経験のある日本の事業者が応募すれば、コスト面での課題はあるが、半分程度の確率で受注することができるのではないか。

　複数の技術、システム、サービスを組み合わせた住民向けサービスの海外展開については、100％の発注のコミットメントを求めるのではなく、受注確率を高めるための計画段階からのアプローチを重要視すべきだ。それが相手国の政策や地域づくりに貢献し、日本の技術やノウハウを海外展開する長期的な基盤ができるからだ。この点は、水道事業の包括的なアウトソーシングやコンセッションのような国際的に見て共通性の高い事業の枠組みができているインフラ関連の事業とは分けて考える必要がある。アジア諸国が日本に求める快適な地域社会づくりのためのノウハウの海外展開には従来型のインフラの輸出とは異なる新たなアプローチ戦略が必要なのだ。

⑥　サービス輸出での官民協働の必要性
　アジア諸国へのこうしたアプローチは自治体と民間企業が協力して